高等院校"十三五"电子商务系列规划教材

微课版

淘宝天猫
网店美工实战

视觉设计 ＋ 店铺装修 ＋ 移动端店铺

江玉珍 顾敏 ◎ 主编

肖潇雨 曹旭 魏盈盈 ◎ 副主编

U0734117

人民邮电出版社

北 京

图书在版编目（CIP）数据

淘宝天猫网店美工实战：视觉设计+店铺装修+移动端店铺：微课版 / 江玉珍，顾敏主编. — 北京：人民邮电出版社，2020.9（2022.12 重印）
高等院校"十三五"电子商务系列规划教材
ISBN 978-7-115-53073-8

Ⅰ. ①淘… Ⅱ. ①江… ②顾… Ⅲ. ①电子商务—网站—设计—高等学校—教材 Ⅳ. ①F713.361.2

中国版本图书馆CIP数据核字(2019)第286115号

内 容 提 要

本书旨在帮助零基础的网店美工快速、有效地提升工作技能。全书共分为 10 章，包括网店美工初体验、网店美工设计要领、商品图片的基本处理、商品图片光影与色调的调整、制作商品推广图、制作 PC 端网店首页、制作 PC 端商品详情页、制作 PC 端其他页面、制作移动端网店页面、装修网店。

本书既可作为高等院校电子商务、艺术设计专业"网店美工"课程的教材，也可作为各类培训机构的美工实战教材，还可作为从事网店美工相关工作人员的参考书。

◆ 主　　编　江玉珍　顾　敏
　　副 主 编　肖潇雨　曹　旭　魏盈盈
　　责任编辑　许金霞
　　责任印制　周昇亮

◆ 人民邮电出版社出版发行　　北京市丰台区成寿寺路 11 号
　　邮编　100164　电子邮件　315@ptpress.com.cn
　　网址　https://www.ptpress.com.cn
　　雅迪云印（天津）科技有限公司印刷

◆ 开本：700×1000　1/16
　　印张：15　　　　　　　　　　2020 年 9 月第 1 版
　　字数：312 千字　　　　　　　2022 年 12 月天津第 6 次印刷

定价：69.80 元

读者服务热线：(010)81055256　印装质量热线：(010)81055316
反盗版热线：(010)81055315
广告经营许可证：京东市监广登字 20170147 号

网店美工是基于蓬勃发展的电子商务行业而诞生的职业，网店美工最初的工作职责是用Photoshop对商品图片进行处理，并根据网店的要求制作网店不同效果的促销图片。而随着电子商务行业的发展，网店美工的需求量越来越大。网店美工的工作职责不再是单纯的图片处理，而是要在处理商品图片、设计与制作网店页面的过程中，通过添加文案、设计场景等方法，表现出商品的卖点、促销信息以及品牌文化等，同时通过极具视觉冲击力的画面来吸引消费者，刺激消费者产生购物欲望。

本书内容

本书围绕网店美工这一岗位，从美化商品图片与制作网店页面等角度入手，全面介绍了网店美工各阶段的工作内容。本书共10章，可分为4个部分来学习，各部分的具体内容和学习目标如下。

第1部分（第1、2章）：该部分主要讲解网店美工的基础知识，包括网店美工的工作流程以及如何做好网店美工工作等内容。

第2部分（第3、4章）：该部分主要讲解商品图片的处理与色彩的调整方法，包括修改商品图片构图、优化商品图片画面、抠取并合成商品图片，以及各种色调的调整方法等内容。

第3部分（第5～9章）：该部分主要讲解推广促销图及网店页面的设计与制作，包括商品推广图、PC端网店首页、PC端商品详情页、PC端其他页面、移动端网店首页与商品详情页的制作等内容。

第4部分（第10章）：该部分主要讲解网店的装修，包括图片切片以及各页面的装修方法等内容。

本书特色

本书与目前市场上的其他同类教材相比，具有以下特点。

结构清晰，内容全面：本书从网店美工的角度出发，全面围绕网店美工的各项工作内容展开介绍，从最基础的知识开始，循序渐进、层层深入，使读者对网店美工的基础知识、图片处理、网店首页和商品详情页的制作等有一个全方位的了解。

案例丰富： 本书章首均以"案例导入"引导读者学习，具有较强的可读性和参考性，可以帮助读者快速理解与掌握相关内容。

理论与实践相结合： 本书在讲解理论知识的同时，还以实训任务的形式帮助读者加强对知识的理解与掌握。本书在每章知识讲解结束后设计了"课堂实训"、"课后练习"与"拓展知识"板块，旨在通过具体的实训目标和实训思路帮助读者更好地运用所学知识。

经验提升： 本书提供了"知识补充"栏目，为读者提供了与书中所讲内容相关的经验、技巧与提示，可以帮助读者更好地总结和吸收相关知识。

📖 配套资源

拓展学习资源： 本书配有二维码，读者通过扫描二维码可以查看相应的视频或拓展知识，以帮助读者更加全面地理解相关知识。

赠送资源： 本书配有丰富的学习资源，包括素材文件与效果文件、PPT、教案和题库资源等，有需要的读者可自行通过网站下载。下载地址为：www.ryjiaoyu.com。

本书由江玉珍、顾敏担任主编，肖潇雨、曹旭、魏盈盈担任副主编。由于编写仓促和作者水平有限，书中难免存在不足之处，欢迎广大读者给予批评指正。

编　者

2020年5月

目录

CONTENTS

01

网店美工初体验

　　小美上大学读的是平面设计专业，毕业后发现电商行业很有潜力，便应聘了网店美工一职，最终成功被一家公司录用。虽然小美在应聘前已经对网店美工的基础知识进行了了解，但对具体工作流程却并不清楚，于是在第一天上班时，她便向同事咨询网店美工的工作流程，以便更容易上手。

　　由此可见，作为网店美工，首先就是了解美工的基础知识，然后就是学习其工作流程。

学习目标

* 了解网店美工的基础知识
* 熟悉网店美工的工作流程

案例展示

1.1 了解网店美工

在日常生活中，很多人对网店美工工作范畴的认知仅停留在图片处理、页面美化和网店装修等方面。其实并不尽然，网店美工是集平面设计、色彩搭配、创意设计等于一体的职业，主要是对某一个商品或主题进行有针对性的设计，使消费者产生购买欲望，达到提高网店销量的目的。下面对网店美工的基础知识进行介绍。

↘ 1.1.1 网店美工的定义

网店美工服务于网店的运营和销售，主要负责图片处理、页面设计与网店装修等工作，具体包括商品图片美化、促销海报设计、网店首页设计、商品详情页设计等。为了更好地促进网店的销量，网店美工还需要洞悉策划方案的意图，并在其中加入自己的创意，以强烈的视觉效果来吸引消费者，刺激消费者浏览网店，最终产生消费行为。

↘ 1.1.2 网店美工的工作范畴

网店美工主要负责网店的装修，以及商品图片的创意设计。与普通的图片美化工作者相比网店美工需要掌握更多的专业知识，在平面设计与软件操作方面的能力要更强。下面对网店美工的工作范畴进行介绍。

- **网店特色的掌握**：优秀的网店能给人留下很好的第一印象，但目前电商网站中同类型的网店繁多，若想从中脱颖而出，特色就显得十分重要。而网店的特色多与网店的定位有关，如网店的风格、类型、所售商品等。只有展现出自己特色的网店才能够吸引更多的消费者，使他们选择商品，进行消费。

- **商品图片的美化**：商品图片的美化指网店美工对拍摄的商品图片或搜集的素材图片进行有针对性的美化操作，以便后期页面的设计与制作。网店美工在美化商品图片时不能偏离实物，以免后期页面的设计中出现实物与图片不符的情况。

- **网店的设计与装修**：一个优秀的网店美工不但要能很好地处理图片，还要能把握整个行业的发展方向，在设计中直击消费者的"痛点"。而海报、优惠券、商品陈列图的设计就是直击消费者"痛点"的最有效的途径，能将整个网店的装修效果直观地展现在消费者眼前。

- **活动页面的设计**：电商网站中有很多活动，商家可根据需要报名参加。这些活动的参与人数众多，竞争激烈，商家要想获得竞争优势，就要通过能夺人眼球的活动页面来吸引消费者。此时，优秀的网店美工需要透彻理解活动，并在设计活动页面的同时将活动意图传达给消费者，让消费者了解此活动的内容、促销的力度，从而促进网店商品销量的提升。网店美工在设计活动页面时要保证契合活动主题、页面美观流畅，并且拥有自己独特的亮点。

● **网店的宣传与推广**：在电商领域，网店的宣传与推广目的主要有两个：一是商品促销，二是品牌推广。商品促销是网店的常用促销方式，通过对促销内容的展现，提升网店商品的销量；而品牌推广则是指品牌为了提升其在消费者心中的形象，加深网店在消费者心中的印象，所采用的推广方式。网店美工应采取不同的方式来设计图片，以提升图片或页面的视觉效果，从而达到增加销量或提升品牌认同感的目的。

↘ 1.1.3　网店美工需要遵循的设计原则

了解了网店美工的工作范畴后，还应明白网店美工需要遵循的设计原则。下面对常见的 3 大设计原则进行介绍。

● **突出商品属性**：每种商品都有其特定的属性，如手机商品的科技属性、服装商品的潮流或复古等属性。虽然没有明确的规定，但是这些特定的属性时常左右着我们对事物的判断与取舍。因此，网店美工在设计时，一定要首先分析商品所处的行业及其属性特征，然后选择与其属性对应的商品图或具有标识性的行业设计元素，最后进行整个效果图的制作。图 1-1 所示为自粘桌脚防滑垫海报，该海报展现的商品是防滑垫，属于家居商品，其特定属性是"实用""防滑"，因此选择了与该商品属性相符的家居素材来设计海报页面。在海报最中间的区域展现了防滑垫的实物效果，让消费者对防滑垫有一个大概印象；左右两侧通过木椅、木柜的防滑展现来直观体现防滑垫的属性；中间上部对防滑垫特点、功能等进行的说明性描述，则与商品的属性相互呼应，很好地体现了该商品的"实用""防滑"属性。

图 1-1　自粘桌脚防滑垫海报

● **色彩搭配协调**：网店主色的选择与商品的属性密不可分，一旦确定主色，其他辅助色就应与主色高度协调。有些商家喜欢把网店装修得绚丽多彩，这样虽然看起来十分酷炫，但是会让消费者看得眼花缭乱、晕头转向，因而并不能留住消费者。图 1-2 所示为色彩搭配协调的网店首页效果。

- **简洁时尚**：在商品图片美化和网店页面设计的过程中，简洁时尚是不变的设计原则。如图 1-3 所示的海报，通过具有线条感的形状、简洁的文字组合，体现了笔记本电脑的科技感，刺激了消费者的浏览欲望。

图 1-2 色彩搭配协调的网站首页效果图

图1-3　简洁时尚的海报

1.2　熟悉网店美工工作流程

一个优秀的网店美工不但能提升网店的人气，还能促进商品的成交。那么网店美工主要负责哪些工作？其工作流程又是什么？下面对网店美工的工作流程进行介绍。

↘1.2.1　图片素材的搜集与整合

网店美工在网店页面设计的过程中，通常会使用多张图片素材。这些图片素材有的用于网店背景的制作，有的用于模块背景的制作。图片素材的搜集主要有两种方式：网上搜集和实物拍摄。网上搜集是指在互联网上通过素材网站，如千图网、花瓣网等，搜索需要的素材并进行下载。注意：网上的很多图片都不能商用，因此要注意版权问题。实物拍摄是搜集图片素材的常用方法，商家可以从不同的角度、采用不同的展现方法将商品拍摄下来，如整体、细节、模特展现等，为网店美工后期的制作提供主要素材。图1-4所示为从互联网上下载的图片素材；图1-5所示为拍摄的女包商品图片。

图1-4　从互联网上下载的图片素材

图1-5　拍摄的女包商品图片

知识补充

拍摄时的注意事项

网上购物具有特殊性，如消费者不能接触到商品实物，有关商品的所有信息都是以文字、图片和视频的形式展现的，因此商品的某些物理特性如重量、材质等就很难被消费者感受到，从而对商品图片提出了更高的要求。商家只有从不同的角度拍摄，力求展示出商品更多的细节，才能最终打消消费者的疑虑。除了拍摄商品细节图外，为了展示出商品的实物特性，让消费者直观地感受到商品的实物效果，商家还会拍摄商品使用的过程图或效果图，以增强说服力，促使消费者购买商品。

当完成图片素材的搜集后，即可根据设计需要对同一主题的图片素材进行整合，实现商品与主题的融合。整合主要通过 Photoshop 来进行，采用图层重叠的方法使整个页面更加美观，其具体方法将在首页和详情页的制作中进行详细讲解。图 1-6 所示为搜集的竹叶、山峰、云层、仙鹤等与传统中国风有关的素材，在图书封面黑白水墨的映衬下对素材进行黑白处理与整合，使其成为一幅水墨风格明显的商品促销海报。为了凸显海报的水墨风格，网店美工还对文字进行了精心设计，其中“儿童文学”直接以水墨字体进行展示，“中国风汉字书籍”则直接点明主题，让消费者快速识别其风格并受到吸引。

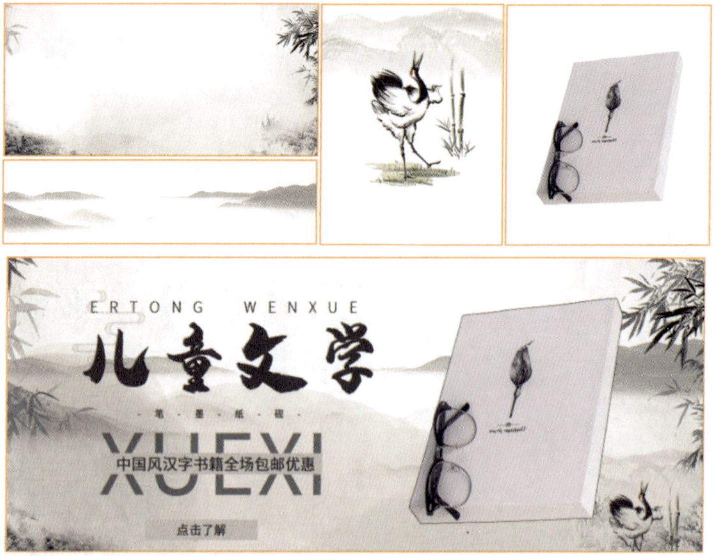

图 1-6　图片素材的整合

1.2.2　图片的处理与设计

当完成图片素材的搜集后，还需对图片素材进行简单的处理，如裁剪不需要的区域、修复污点、调整色调、抠取主体等，因为并不是所有的素材都能直接使用。而针对拍摄的商品图片，则需要在不影响原始效果的情况下，进行色调或效果的调整，其具体的处理方法将在第 3 章和第 4 章中进行讲解。当完成商品图片的处理后，商家还可继续使用 Photoshop 对其进行后续设计与制作，如添加文字、形状、线条等，使画面感更强。图 1-7 所示为图片处理前后以及进行后续设计的效果。

图 1-7　图片处理前后以及进行后续设计的效果

1.2.3　页面的设计与制作

在进行页面的设计与制作时，网店美工除了要关注单个图片的设计，还需要关注首页和详情页的设计。在设计首页时，要注意画面的统一性和内容的连贯性。例如，在首页中的店招设计上要体现网店名称和 Logo；在海报设计上不但要体现促销信息，还要使商品的画面符合网店的主题；在商品效果图设计上不但要对处理后的图片进行单个展现，还要输入商品名称、价格等信息，以满足消费者的需求。

在设计详情页时，商家可通过图片的设计展现商品的不同特点、适用范围、商品参数和售后服务等内容，让商品信息能得到完整的展示。图 1-8 所示为首页与详情页的设计效果，从中可看出二者风格统一，都以白色为主色，以嫩绿色为辅助色，整体效果清新、自然，不但凸显了网店的自然主题，还很好地展示了商品的特点。

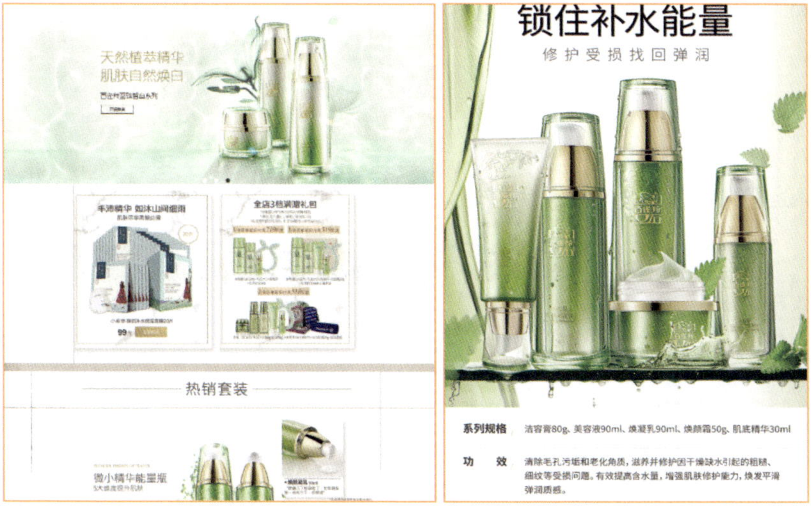

图 1-8　首页与详情页的设计效果

↘ 1.2.4　图片的切片与管理

　　图片制作完成后，将会以整体的形式进行展现。但是在网店装修过程中，首页和详情页往往是通过不同板块的拼接来进行展现的。此时，网店美工需要先将首页或详情页中的各个板块分割开来，再分别运用到对应部分。图片的切片方法是将一张大图片分割成若干小图，并单独展示这些小图。图 1-9 所示为图片切片前后的展现效果。具体的切片方法将在第 10 章进行讲解。注意：在切片时，建议单张图片的大小 PC 端不超过 800KB，手机端不超过 300KB。

图 1-9　图片切片前后的展现效果

　　对完成切片的图片，需要上传到"图片空间"中，以便后期进行店铺装修时使用。网店美工只需进入装修后台，在"店铺管理"栏中单击"图片空间"超链接，即可进入"素材中心"页面，然后在其中进行图片的上传、移动、复制、删除，图片链接、代码的复制、删除以及图片文件夹的新建、删除、移动等管理操作，如图 1-10 所示。

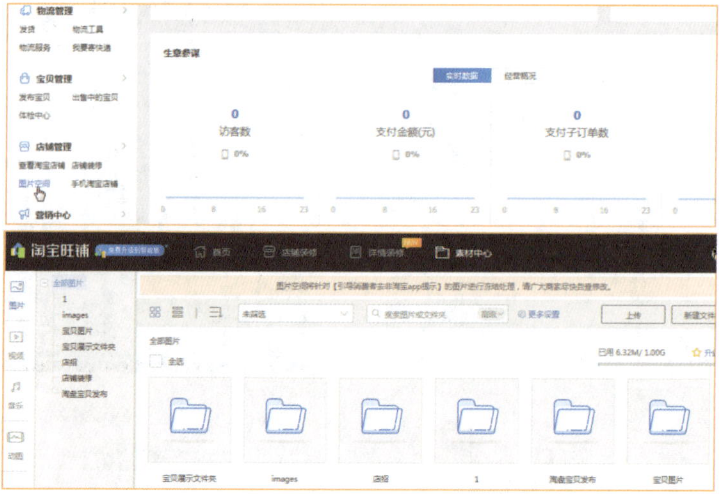

图 1-10　图片的上传与管理

↘ 1.2.5 网店的装修

将图片上传后，即可进入店铺装修页面进行网店的装修。其具体方法为：进入装修后台，在"店铺管理"栏中单击"店铺装修"超链接，进入"店铺装修"页面，选择需要装修的端口页面，并单击 装修页面 按钮，进入"店铺装修"页面，即可进行页面的装修，如图1-11所示（具体的装修方法将在第10章进行介绍）。

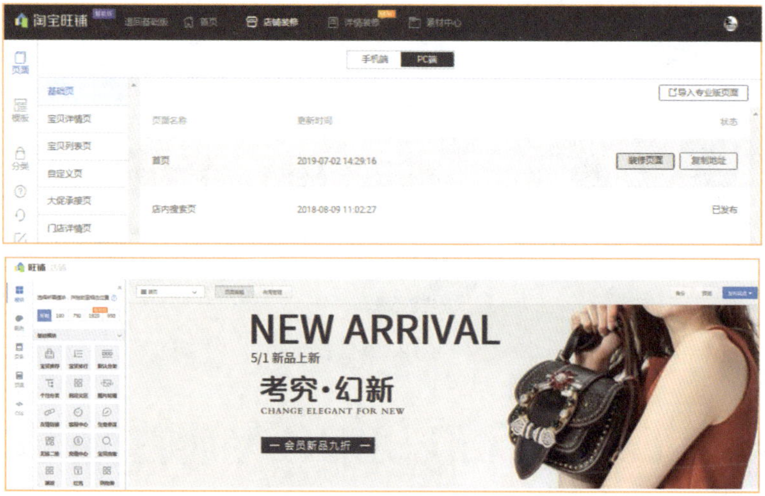

图 1–11 网店的装修展现

课堂实训——分析 Wanlima 网店首页的设计

实训目标

本实训将从色彩搭配、商品图片展现、设计手法等角度，分析图1-12所示的网店首页的设计方法。

实训思路

根据实训目标，对 Wanlima 网店首页的设计进行分析。

（1）进入 Wanlima 网店首页，其页面以浅灰色为主色，以红色、蓝色等为点缀色，整个页面简洁、美观，颇具时尚性。

（2）Wanlima 网店首页采用实拍模特的形式，对不同女包的佩戴场景、佩戴方式进行了展现，全面展示了商品的信息，给消费者以更加直观的视觉体验。

（3）整个页面由不同大小的素材拼合而成，效果简单时尚、美观大方，再加上促销价格、优惠券等促销信息的展示，不仅丰富了页面内容，提升了页面美观度，还营造了浓厚的购物氛围，刺激了消费者的购物欲望。

图 1-12　网店首页

课后练习——赏析 ESEDO 网店首页的设计

　　本练习要求以图 1-13 所示的网店首页为例，赏析其页面风格、色彩搭配、商品图片展现、设计手法等。

图 1-13　网店首页

拓展知识

1. 网店美工的技能要求

　　一个优秀的网店美工，除了需要熟练使用如 Photoshop、Flash、Fireworks、Dreamweaver 等图形图像处理软件外，还需要具备扎实的美术功底和独到的创新思维，同时要有一定的文案功底，写出的广告文案必须能够突出商品的亮点，这个亮点即为商品的诉求点。一个好的诉求点不仅能打动消费者，还能展现出商品的特性。因此一个优秀的网店美工不仅需要懂专业知识，还需要懂商品、营销、广告等相关知识，并且了解如何将营销思维应用到商品销售中，更需要懂得如何去打动消费者，激起消费者的购买欲。

　　作为一个优秀的网店美工，该怎么在商品图片中体现营销信息，以吸引消费者浏览并激发其购买欲望呢？可以从以下 3 个方面着手。

- 在主图设计上要抓住消费者的眼球，做好视觉营销，以激发消费者点击的欲望。
- 在商品详情页设计上要把握营销点，分析与提炼商品的优势和卖点，以更直观的方式将商品特点展现出来。
- 与运营部做好沟通，了解消费者下单前最关心的问题是什么、存在的顾虑有哪些，通过商品图片打消消费者的顾虑。

2. 网店美工的视觉表现手法

　　网店美工的视觉表现并非无章可循，常见的手法有：还原现实法（还原现实特征用于商业设计）、创意重组法（营造出内容的独特性）。

- **还原现实法**：通过页面视觉来表现、还原现实世界场景。我们常说的合成就是通过实景素材的拼贴，加之透视关系、阴影的处理等，还原页面真实的场景。例如，在实体店消费后收到的收据会有一条由撕裂产生的锯齿，而在网上购物付款后出现的收据页面也模拟了真实收据的锯齿形状。
- **创意重组法**：把不同的元素重新组合起来，使之形成新的形象。比如把某个想要的物品特征或感受，巧妙地融入商品或者画面中，潜移默化地传达给消费者。

CHAPTER

02

网店美工设计要领

案例导入

在熟悉了网店美工的基本工作流程后，公司为小美安排了主图制作的工作。但由于缺乏经验，小美制作的主图在色彩和版式布局上均没有特点，也就达不到吸引消费者的目的。于是同事小张给小美支招，他建议小美先了解网店美工的设计要领并掌握色彩和版式布局。提高自己在色彩搭配和版式布局上的表现能力。根据小张的建议，小美对色彩和版式布局进行了系统的学习，并在此基础上对文字和文案进行了深入研究，通过一段时间的不懈努力，小美制作的主图效果开始符合公司的要求。

由此可见，色彩、版式布局、文字、文案是网店美工必须掌握的基础内容。掌握这些内容，可以提高网店美工的设计水平，使主图的制作达到预期效果。

学习目标

* 掌握色彩的相关知识
* 掌握版式布局的相关知识
* 掌握文字的相关知识
* 掌握文案的相关知识

案例展示

2.1 色彩

色彩能够建立起消费者对网店的直观感受，采用与主题一致、统一的色彩搭配，能使网店看起来更加整洁、美观，赏心悦目，从而能提升网店的销量。下面对构成色彩的三要素、色彩的搭配、色彩的对比进行介绍。

↘ 2.1.1 构成色彩的三要素——色相、明度、纯度

人对色彩的感觉不仅由光的物理性质所决定，还会受到周围事物的影响。人的视觉所能感知的所有色彩都具有色相、明度和纯度（又称饱和度）3 个重要特征，它们是构成色彩最基本的要素。下面分别对其进行详细介绍。

1. 色相

色相即色彩呈现出来的质的面貌，也可简单理解为某种颜色的称谓，如红色、黄色、绿色、蓝色等。

色相是色彩的首要特征，也是用来区别不同色彩的最准确的标准，如图 2-1 所示。色彩本身并无冷暖的温度差别，人们对色彩存在冷暖的感觉是色彩通过视觉使人产生心理联想造成的。

图 2-1 色相

不同的色相会传递给人不同的感受。根据人们对色彩的主观感受，可以将颜色分为暖色、冷色和中性色。

- **暖色**：人们在看到红、红橙、橙、黄橙、红紫等颜色后，马上会联想到太阳、火焰等，并产生温暖、热烈等感觉，故称之为"暖色"。
- **冷色**：人们在看到蓝、蓝绿等颜色后，则很容易会联想到太空、冰雪、海洋等，并产生寒冷、平静等感觉，故称之为"冷色"。
- **中性色**：绿、黄绿等颜色，易使人联想到草、树等植物，产生青春、和平等感觉；紫、蓝紫等颜色，易使人联想到水晶等稀贵物品，产生高贵、神秘等感觉。这些没有明显冷暖倾向的颜色则被称为"中性色"。

图 2-2 所示的商品海报，从色相的角度分析，商品颜色以红、黄为主，属于暖色调，给人一种温暖、热情的感觉，背景颜色选择深红，与商品本身所代表的喜庆、幸福等寓意相融合，给人一种非常强烈的婚姻幸福感。

图 2-2　商品海报

使用色相的注意事项

为了保证画面的色彩平衡，当出现大面积暖色时，可以使用少量冷色加以调和；反之，当出现大面积冷色时，可以使用少量暖色加以调和。

2. 明度

除了色相外，明度也是影响人们对色彩的感受的一大因素。明度是指色彩的明亮程度，即有色物体因反射光量的差别而产生颜色的明暗强弱。通俗地讲，在红色里添加的白色越多则越明亮，添加的黑色越多则越暗，如图 2-3 所示。

白色	灰色	黑色
明度最高		明度最低

低明度红色		高明度红色

图 2-3　明度

色彩的明亮程度会影响视觉对色彩轻重的判断，比如看到同样重量的物体，黑色或者暗色系的物体会使人感觉偏重，白色或者亮色系的物体则会使人感觉较轻。

明度高的色彩易使人联想到蓝天、白云、彩霞、棉花、羊毛和花卉等，产生轻柔、飘浮、上升、敏捷、灵活的感觉。如图 2-4 所示，从明度的角度来分析，背景采用深浅不一的蓝色，给人一种干净、纯粹的感觉，与同色系商品的搭配，让整个画面统一协调，再添加明度较高的文字，让画面效果更是吸引力。

明度低的色彩易使人联想到钢铁、大理石等，产生沉重、稳定、降落的感觉。如图 2-5

所示，从明度的角度来分析，画面以深紫色为主，色彩明度较低，但以红色、白色、蓝色为点缀色，整体效果简约、时尚。

图 2-4 明度高的色彩

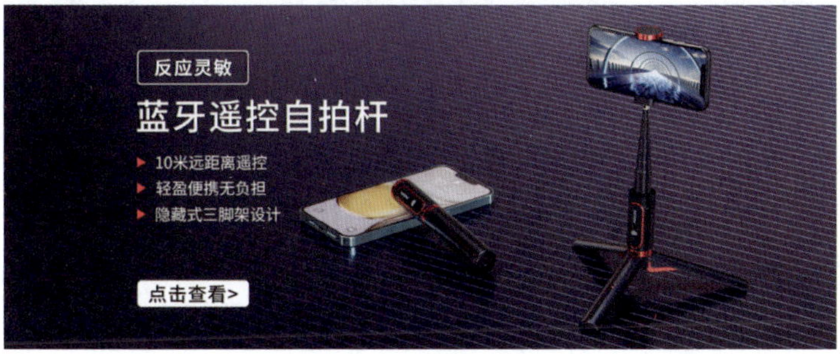

图 2-5 明度低的色彩

知识补充

明度在设计中的使用技巧

在设计中不难发现，日常的商品都应该给人比较明亮的视觉效果，即使用较浅的色彩，如护肤品、厨房用品等；而科技、数码等部分商品为了体现其质感、高端的品质，常采用较深的色彩。

3. 纯度

纯度（又称饱和度）是指色彩的纯净或者鲜艳程度（下文统称为饱和度）。饱和度越高，颜色越鲜艳，视觉冲击力越强。饱和度的高低取决于该色中含色成分和消色成分（灰色）的比例。含色成分越多，饱和度越高；消色成分越少，饱和度越低，如图 2-6 所示。由于消色颜色（灰色）的不断加入，最终会变成灰色。

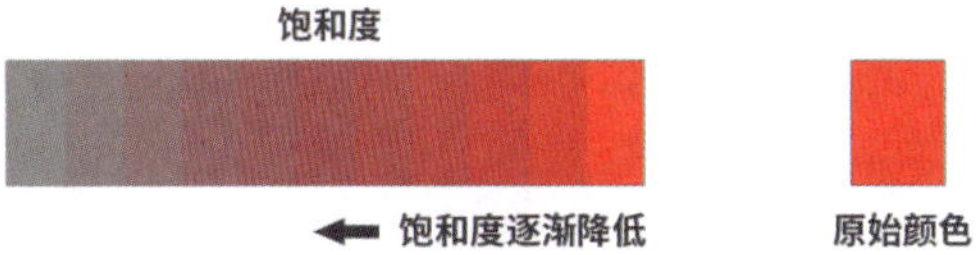

饱和度

← 饱和度逐渐降低   原始颜色

图 2-6 饱和度的高低

高饱和度、高明度、高对比度、色彩丰富的颜色会使人感觉华丽、辉煌；低饱和度、低明度、低对比度、单纯的色彩会使人感觉质朴、古雅。网店美工要明白，高饱和度的海报会给人以热情、活力、健康、刺激、年轻的感觉，能带给消费者非常强烈的视觉冲击力，因此是设计中最为常见的一种手法。如图 2-7 所示，在两张海报中均使用了高饱和度的红色和橙色，具有强烈的视觉冲击力和促销感；而为了整张海报的和谐，也加入了一些饱和度较低的红色和橙色作为点缀。这种色彩搭配常见于各种节日促销页面中。

图 2-7　高饱和度的海报

↘ 2.1.2　色彩搭配的原理

网店美工在设计时可以使用的颜色非常多，但要想把所用颜色合理搭配在一起组成和谐美观的画面并不是一件简单的事。因此，掌握色彩搭配的原理是网店美工必须做的功课。色彩有 3 种类型，分别是原色、间色和复色。要掌握色彩搭配的原理，需要先理解这 3 种色彩的相关知识。

1. 原色

原色又称"基本色"，是指不能通过与其他颜色的混合调配而得出的颜色。原色是人眼在光的照射下所能感受到的最基本的色彩，能与其他颜色混合从而得到几乎所有的颜色，因此也叫作基色。在不同的色彩空间中，有不同的原色组合，一般可以分为"色光三原色"和"颜料三原色"。

● **色光三原色**：色光三原色也叫加法三原色，是指光谱中人眼所能识别的最基本的颜色，包括红（Red）、绿（Green）、蓝（Blue）3 种颜色，对应 RGB 颜色模式，如图 2-8 所示。

图 2-8　色光三原色

● **颜料三原色**：颜料三原色也叫减法三原色，是指利用减少光波的方式来产生颜色，包括青色（Cyan）、品红（Magenta）、黄色（Yellow）3 种颜色，对应 CMYK 模式，如图 2-9 所示。它常被应用于打印、印刷、油漆、绘画等领域，物体表面接收光线照射，同时反射，物体表面所呈现的颜色是光源中被颜料吸收后剩余的部分。

图 2-9　颜料三原色

2. 间色

间色也称"二次色"，由三原色中的某两种颜色混合而成。例如，红、绿色混合，可以生成黄色；红、蓝色混合，可以生成紫色。

3. 复色

复色也称"三次色"，是指由任何两个间色或 3 个原色混合而成的颜色。例如，红、蓝、绿色混合，可以生成白色；红、蓝、黄色混合，可以生成黑色。复色主要有红紫色、蓝紫色、蓝绿色、黄绿色、橙红色和橙黄色。

图 2-10 所示为原色、间色与复色示意图，其中任意颜色的混合都可以产生新的颜色。

将这些颜色按照光谱在自然中出现的顺序进行排列，形成首尾相接的圆形光谱，一共 12 种颜色，叫作 12 色相环。图 2-11 所示为 12 色相环的形成过程。色彩搭配就是色相环上不同色相之间相互呼应、相互调和的过程。色相之间的关系取决于在色相环上的位置，色相环上的色相与的色相之间离得越近，对比度就越低，反之则越高。

图 2-10　原色、间色与复色示意图

图 2-11　12 色相环的形成过程

色相对比其他类型的介绍

按照 12 色相环的形成原理，可以扩展得到 24 色相环、48 色相环。同时还要注意，黑色是混合了所有颜色的产物，混合的颜色越多，得到的颜色就越浑浊，直至最后变成黑色；而白色则是不包含任何颜色的颜色，即不能通过其他颜色的混合而得到 100% 的纯白。

↘ 2.1.3　色彩的对比

色彩的对比主要指明度对比、纯度对比和色相对比。在设计中，采用合理的色彩对比可让画面效果更加美观。

- **明度对比**：明度对比指利用色彩的明暗程度形成对比。恰当的明度对比可以使人产生光感、明快感、清晰感。通常情况下，当明度对比较强时，画面会显得清晰、锐利，不容易出现误差；而当明度对比较弱时，配色效果往往不佳，画面会显得单薄，形象不够明朗，如图 2-12 所示。

- **纯度对比**：纯度对比指利用纯度的强弱形成对比。纯度较弱的对比画面效果就较差，适合长时间查看；纯度适中的对比画面效果和谐、丰富，可以凸显画面内容的主次；纯度越强的对比画面越鲜艳明朗、富有生机，如图 2-13 所示。

图 2-12　明度对比

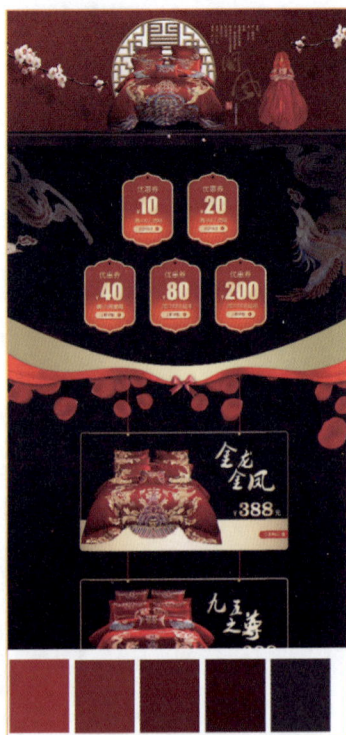

图 2-13　纯度对比

● **色相对比：** 色相对比指因色相间的差别而形成的对比。当确定好页面中的主色后，就要考虑其他色相与主色是否具有相关性，以及要用什么色相来表现内容才能增强感染力。色相对比又分为原色对比、补色对比、间色对比、邻近色对比4种，图2-14所示为邻近色对比。

图 2-14　邻近色对比

↘ 2.1.4　色彩搭配的技巧

　　色彩搭配是一门技术，有许多技巧，灵活运用则能让网店的装修更具感染力和亲和力。在页面设计中，需要选择与网店类目相搭配的颜色，因为只有页面展示的类目商品与页面颜色协调统一才能营造出整体感。下面对不同色系的适用领域和搭配方法进行具体介绍。

● **白色：** 白色被称为全光色，是光明的象征色。白色具有高级感和科技感，尤其是纯白色会带给人寒冷、严峻的感觉，所以在做设计时，都会搭配其他颜色使用，如加入象牙白、米白、乳白、苹果白等。另外，在同时运用几种色彩的页面中，白色和黑色是最显眼的颜色。当白色与暖色（红色、黄色等）搭配时，可以增加华丽的感觉；而与冷色（蓝色、紫色等）搭配时，可以带给人清爽、轻快的感觉。图2-15所示为白色轮播图的展现效果。

图 2-15　白色轮播图的展现效果

● **黑色：** 黑色具有高贵、稳重、高科技的感觉，许多电子商品如电视、摄影机、音箱等都采用黑色。在日常生活用品和服饰用品设计中，也大多利用黑色来塑造高贵的形象。大多数颜色与黑色搭配都能得到鲜明、高级、赏心悦目的效果。图 2-16 所示为黑色轮播图的展现效果。

图 2-16　黑色轮播图的展现效果

- **绿色**：绿色象征生命，给人以健康的感觉，所以经常用于与健康相关的设计中。当绿色和白色搭配使用时，可以给人自然清新的感觉，如图 2-17 所示。当绿色和红色搭配使用时，可以给人鲜明且丰富的感觉。同时，绿色还可以缓解眼部疲劳，为耐看色之一。

图 2-17　绿色和白色搭配效果

- **蓝色**：高纯度的蓝色可以营造出一种整洁轻快的感觉，低纯度的蓝色可以给人一种都市化的现代派感觉。蓝色和绿色、白色的搭配在日常生活中随处可见，并且应用范围很广泛。主色选择明亮的蓝色，配以白色的背景和灰色的辅助色，可以使网店显得干净而简洁。图 2-18 所示为将蓝色用于家居网店的效果。

图 2-18　蓝色的应用效果

● 红色：红色是一种表现力强、喜庆的色彩，具有刺激效果，容易使人冲动，能体现积极乐观的精神，给人以愤怒、热情、活力的感觉。在网店设计中，红色常被作为主色调，因为鲜明的红色极易吸引人们的目光。高明度的红色通过与灰色、黑色等颜色搭配使用，可以给人现代且激进的感觉。低明度的红色给人以冷静沉着的感觉，适合营造古典的氛围。在商品的促销设计中，常用红色较为醒目的特点，吸引消费者，以促进商品的销售。图 2-19 所示为红色的应用效果。

图 2-19　红色的应用效果

2.2　版式布局

合理的版式布局不但能突出所要表达的内容，还能抓住中心点，使画面更具吸引力。在进行版式布局设计前，网店美工需要先认识点、线、面三大基本构图元素，再学习页面布局的基本原则和常见构图方式。

↘ 2.2.1　认识三大基本构图元素

点、线、面是平面构成最基本的三大元素，三者结合使用能够产生丰富的视觉效果。下面分别对点、线、面进行介绍。

1. 点

点是可见的最小的形式单元，具有凝聚视觉的作用，可以使页面布局显得合理、舒适、灵动且富有冲击力。点的表现形式丰富多样，既包含圆点、方点、三角点等规则的点，又包含锯齿点、雨点、泥点、墨点等不规则的点。

点没有一定的大小和形状，画面中越小的物体越容易给人以点的感觉，如漫天的雪花、夜空中的星星、大海中的帆船和草原上的马等。点既可以单独存在于画面之中，又可组合成线或者面。点的大小、形态、位置不同，所产生的视觉效果、心理作用也不同。图2-20所示为一款防晒霜的海报，海报中的水珠即可看作点，通过水珠的溅射体现出灵动感和冲击力，使整个画面更具有活力。

图2-20　点的展现

2. 线

线的视觉形态可用于表现长度、宽度、位置、方向等，线具有刚柔并济、优美简洁的特点，可以引导、串联或分割画面元素，常用于渲染画面。线分为水平线、垂直线、斜线、曲线，不同形态的线所表达的情感是不同的，例如，直线显得单纯、大气、明确、庄严；曲线显得柔和、流畅、优雅、灵动。图2-21所示为某防晒霜的海报，通过游泳池的曲线，让整个画面显得柔和、流畅和灵动。

图2-21　线的展现

3. 面

将点放大后即为面，通过线分割产生的各种比例的空间也可称为面。面有长度、宽度、形状等特性。在版式布局中，面具有组合信息、分割画面、平衡和丰富空间层次、烘托与深化主题的作用。面在设计中的表现形式一般有两种，即几何形和自由形。

- **几何形**：几何形指有规律的，易于人们识别、理解和记忆的图形，包括圆形、矩形、三角形、菱形、多边形等规则的几何形状，以及由线条组成的不规则几何形状。不同的几何形状可传达不同的感情，如矩形给人以稳重、厚实与规矩的感觉；圆形给人以充实、柔和与圆满的感觉；正三角形给人以坚实、稳定的感觉；而不规则几何形状给人以时尚、活力的感觉。如图 2-22 所示，背景由不规则几何形状进行切割，并在商品的衬托下，营造出空间感，避免画面背景过于单调。

图 2-22 几何形的展现

- **自由形**：自由形来源于自然或灵感，比较洒脱、随意，可以打造生动的视觉效果。图 2-23 所示为自由形的展现，这种展现方式可让画面更加鲜活。

图 2-23 自由形的展现

↘ 2.2.2 页面布局的基本原则

网店的页面主要由文字与图片构成。合理的页面布局不但能让页面显得饱满，还能凸显网店商品的独特性。在掌握页面布局方式前，需要先掌握页面布局的基本原则。商家只有了解了页面布局原则，才能更好地运用页面布局方式。

- **主次分明，中心突出**：在进行页面布局时，必须考虑视觉中心。这个中心一般为屏幕的中心点或中心点偏上的部分。在页面中心位置可安排网店中重要的商品或信息，视觉中心以外的区域则可安排稍次要的内容，这样页面中才会有主次之分，使重点突出，如图 2-24 所示。

图 2-24　中心点的展现

- **大小搭配，相互呼应**：在展现多个商品时，要按照大小将其排列得错落有致。在排列过程中，要避免整个页面重心的偏移，商品之间要相互呼应，绝不能杂乱无章，如图 2-25 所示。

图 2-25　大小搭配的展现

- **简洁一致**：保持页面的简洁与一致，对页面适当留白，使其更具有画面感。要想达到简洁一致的效果，常用的方法是制作醒目的标题，并通过字间距以及行间距来制造留白。在色彩与形状的运用上，可采用对比的手法，如黑色与白色的搭配、圆形与方形的搭配，在视觉上形成一种鲜明的对比效果，如图 2-26 所示。

- **图文并茂**：在页面布局过程中，文字与图片的搭配要有视觉互补性。在页面中，使用丰富的图片配以简洁的文字会显得整个页面更有意境、更富有想象力；反之，文字过多会使整个页面显得过于沉闷而没有活力。因此，文字与图片的搭配要合理，能互相衬托，如图 2-27 所示。

图 2-26　简洁一致的展现

图 2-27　图文并茂的展现

↘ 2.2.3　常见构图方式

好的构图不但能使整个画面更美观，还能让商品更吸引人。常见的构图方式有中心构图、九宫格构图、对角线构图、三角形构图4种，下面分别进行介绍。

- **中心构图：** 中心构图指在画面中心位置安排主元素，如商品图片或促销文案。这种构图方式适用于使用对称式布局，能给人以稳定、端庄的感觉，可以产生中心透视感。在使用该构图方式时，为了避免画面呆板，增强画面的灵动感，通常会灵活搭配小面积的几何形状、线条或其他装饰性元素，如图2-28所示。

图 2-28　中心构图

- **九宫格构图：** 九宫格构图也叫井字构图，是指将画面分成9块，在4个交叉点处选择一个点或者两个点放置画面主体物，同时在其他点处还会适当考虑平衡与对比等。该构图方式富有变化与动感，是进行页面布局时常用的构图方式之一，如图2-29所示。

图 2-29　九宫格构图

- **对角线构图：** 对角线构图是指将画面主体物安排在画面的斜对角位置，这样既能有效利用画面对角线的长度，又能使主体物和陪衬物产生直接关系，从而使画面更具动感，并达到突出主题的目的，最终吸引消费者的视线。图 2-30 所示为使用对角线构图方式展示键盘的效果。

图 2-30　对角线构图

- **三角形构图：** 三角形构图是指将 3 个视觉中心作为页面的主要位置，形成一个稳定的三角形。三角形构图具有安定、均衡但不失灵活的特点，如图 2-31 所示。

图 2-31　三角形构图

2.3　文字

色彩能使画面变得生动活泼，文字则能增强画面的表达效果，提高画面的表现力，从而影响信息的展现与表达。下面先介绍文字的运用原则，再介绍文字的字体、文字的对比技巧等知识。

↘ 2.3.1　文字的运用原则

文字可以展现商品的基本信息并传递网店的经营意图，是网店页面设计的重要组成部分。不同网店的页面设计对文字的要求也不同，下面对文字运用的 3 个基本原则进行介绍。

● **根据风格选择文字字体**：在网店页面设计过程中，网店美工需根据网店的风格和类目选择文字字体。例如，走可爱路线的女装网店可选择圆体、幼圆体等为主要字体，并选择少女体、童童体和卡通体为辅助字体，而走时尚个性路线的网店则可选择微软雅黑、准黑和细黑等为主要字体，并选择大黑、广告体和艺术体等为辅助字体，如图 2-32 所示。

图 2-32　根据风格选择文字字体

● **文字的可读性要强**：在网店页面设计中，使用文字的主要目的是向消费者传达商家的意图与展现商品的信息。要达到这一目的，就需考虑文字在页面中的整体设计效果，以便给消费者留下清晰、顺畅等视觉印象。因此，页面中的文字应避免纷杂凌乱，并且要以让消费者易认和易懂为目的，对需要设计的文字进行恰当分类，如图 2-33 所示。

图 2-33　增强文字的可读性

● **排版的美观度要高：** 在网店页面设计过程中，页面中的文字是画面的要素之一。因此，排版时需要考虑整体效果，不能让消费者有强烈的不适感。合理的布局排版不但能向消费者传递画面的美感，还可提升网店的品质，从而给消费者留下好的印象，如图2-34所示。

图2-34　提高排版的美观度

↘ 2.3.2　文字的字体

运用文字时，不同的字体在页面中营造的氛围也不同。正确使用字体能有效地将网店信息传递给消费者，从而激发消费者的购买欲望。因此，网店美工需要选择能够准确凸显商品特征的字体，从而吸引消费者。例如，电子类商品和运动类商品需要突出商品的阳刚性，因此往往会选择字形挺拔、粗犷、棱角分明的硬性字体。如图2-35所示，电子类商品的海报中所用字体视觉冲击力强、个性张扬有力、节奏分明，可以表现网店强烈的信心和勇气，给人以视觉上的震撼。

图2-35　电子类商品的常用字体

1. 字体的类型

不同类型的字体可以表达不同的情感，图2-36所示为6种不同类型的字体。

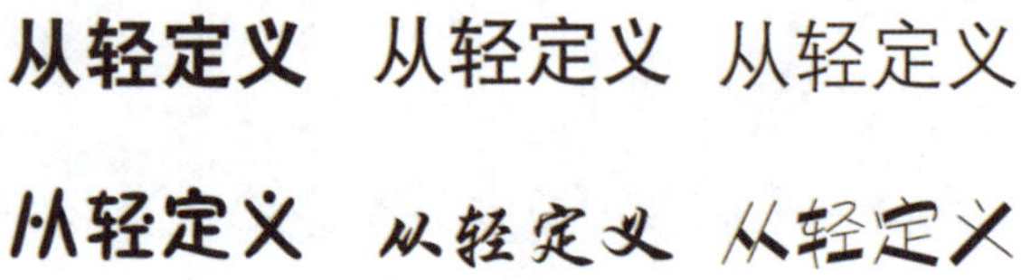

图2-36　6种不同类型的字体

　　网店美工在设计页面时，要先根据网店的风格和商品的特点来选择所需字体类型，以更好地体现主题，向消费者传达网店的设计理念和营销信息。传统的字体主要包括正、草、隶、篆、行 5 种，但也可以根据字体带给消费者的视觉感受来分类，分为宋体、黑体、书法体和艺术体 4 种。

- **宋体**：宋体是比较传统的字体，其字形较方正、纤细，结构严谨，笔画横平竖直，末尾有装饰。宋体整体显得秀气端庄，在保持极强笔画韵律性的同时，能够给消费者以舒适醒目的感觉。宋体的字体有很多，如华文系列宋体、方正雅宋系列宋体、汉仪系列宋体等，在电商领域常用作女性商品的装饰性字体，如图 2-37 所示。

图 2-37　宋体

适用于女性商品的字体

知识补充

　　除了宋体外，其他可以表现柔美、活泼、优雅、生动、亲和等的字体也都适用于女性商品。这类字体适合表现情感细腻、有亲和力的感觉，可以让消费者瞬间感受到商品带给人的情绪，使消费者与商品产生情感共鸣。

- **黑体**：黑体又称方体或等线体，没有衬线装饰，字形端庄，笔画横平竖直，笔迹粗细几乎完全一致。黑体商业气息浓厚，其"粗"的特点能够满足消费者对文案"大"的要求，常用于表现阳刚、大气等感觉，适用于电子、数码、运动等商品海报或商品详情页等大面积运用文字的页面中。常用的黑体有微软雅黑、方正黑体简体、方正大黑简体等，如图 2-38 所示。
- **书法体**：书法体指具有书法风格的字体，主要包括隶书、行书、草书、篆书和楷书等。书法体具有较强的文化底蕴，字形自由多变、顿挫有力，力量中掺杂着文化气息，常用于表现古典、唯美、书卷气的感觉，如图 2-39 所示。
- **艺术体**：艺术体指一些非常规的特殊印刷用字体，其笔画和结构大都被形象化，一般用于美化版面。常用于商品海报的制作或模板设计的标题部分，可提升页面艺术感。常用的艺术体包括娃娃体、新蒂小丸子体、金梅体、汉鼎、文鼎等，如图 2-40 所示。

图 2-38　黑体

图 2-39　书法体

图 2-40　艺术体

2. 字体的选择

为帮助消费者快速了解网店，建议在字体的选择上满足以下 3 个标准。

- **易读性**：一个无法让人认清文字的页面设计会给网店的营销推广带来消极的影响，而清晰易读的文字对提升页面转化率起着非常重要的作用。网店美工制作的商品图片属于商业设计，要考虑到大部分人的文化背景和字体识别能力，因此应尽可能地保证文字的易读性，让大部分人都可以做到轻松识别与阅读。

- **统一性**：页面中的字体样式过多，会让消费者感觉杂乱无章，主题内容表达模糊。因此，建议网店美工在进行品牌字体规划时，只使用 1 ～ 2 种中文字体样式，1种英文字体样式；而在品牌字体有明确规定的情况下，只需要1种字体样式贯穿全文，并在选定品牌字体的风格后，对字体做相应的视觉梳理。例如，统一主标题与副标题的行距、字与字的间距等，这些对传达品牌情绪起着重要的作用。

● **著作权**：字库字体和作品一样，受版权保护，不管是标题文字、正文文字还是营销文字，都要谨慎选用字体。如需使用特殊字库字体，则购买其版权后才能使用，以降低字体侵权风险。尤其是选用类似"方正字库""汉仪字库"或"喵呜体"等独创性较强的字体时，更需谨慎。建议尽量使用常规易用字体，在此推荐几种免费商用的字体，如思源黑体和思源宋体、书体坊免费字体、文泉驿免费字体、鼎公众授权字体、王汉宗自由字体等。

↘ 2.3.3　文字的对比技巧

文字的对比主要包括文字粗细、疏密、方向等方面的对比，这些字体属性的不同会使文字在画面中的位置、大小、排版效果产生差异，从而影响最终的视觉效果。

1. 文字粗细对比

文字粗细是文字排版中最基本的操作。一般来说，画面空间有限，需要通过不同粗细的文字来表现不同的信息，同时区别主要信息、次要信息。通常情况下，画面中会有标题、副标题和内文，也有主要信息与次要信息，网店美工在设置文字粗细时，要放大显示重要的信息，缩小显示次要信息，以减少其他不必要信息对重要信息的干扰，让消费者能够快速将视线锁定到重要信息上，进而接收到重要信息。而且，粗细合适的文字更能够体现画面层次，增加视觉设计美感。如图2-41所示，将文字"3"放大显示，让消费者一眼就看到了折扣额度，非常适用于促销商品推广。

2. 文字疏密对比

文字疏密是指文字的间距，包括文字与文字之间、文字与段落之间的距离等。网店美工在设计过程中，一般以区块的形式将文字呈现在画面中，因此要注意区分文字信息，将不同字体、字号和颜色的文字分类隔开，让信息更加清晰、层次更加分明，帮助消费者阅读与接收信息；否则，将很容易模糊主题、误导消费者甚至造成其信息接收障碍。如图2-42所示，左图中"低至"两字太稀疏，容易分散消费者的注意力；右图中"低至3折"与下方的文字距离过近，将影响消费者的阅读感受。

图 2-41　文字粗细对比　　　　　　　　图 2-42　文字疏密对比

3. 文字排版方向对比

文字在画面中的排版方向可以直接影响消费者的视觉感受，采用不同的文字方向呈现设计好的信息，可以有效增加画面的动感和空间感。在设计商品海报时，因为文字信息较少，可以采用比较灵活的文字排版方式，而不对文字方向做过多的限制；在设计商品详情页时，若需要大段的文字说明，则应根据画面的整体规划情况确定文字的排版方式。图 2-43 所示为不同文字排版方向对比的示例。

图 2-43　不同文字排版方向对比

2.4　文案

在一些规模较大的网店中，文案策划是一个单独的职位；而在很多中小商家的网店中，网店美工也需要兼职文案的工作。优质的文案可以在短时间内吸引消费者的眼球，从而让其产生购买意向，提高网店转化率。下面对文案的重要性、文案的策划、文案的前期准备、文案的写作要点，以及主图文案、详情页文案、海报文案的设计与编写分别进行介绍。

↘2.4.1　文案的重要性

文案在商品的表现力上起着重要的作用。网店美工在策划文案时，需突出商品的卖点，并能有效抓住消费者的购买心理，扩大品牌知名度。

- **突出卖点**：在网店中，文案用于完整地表达商品的特点与卖点，重点突出的文案才能吸引消费者，从而激发消费者的购买欲望。
- **准确抓住消费者的购买心理**：优秀的文案能够有效地吸引消费者，并能准确抓住消费者的购买心理，促进商品的销售。它相当于一名优秀的导购，不仅能很好地介绍商品，还能减少消费者的顾虑。
- **扩大品牌知名度**：品牌和文案是相辅相成的关系，优秀的文案能够吸引消费者浏览商品，集中注意力，提升购买兴趣，从而增强对品牌的记忆。因此，优秀的文案可扩大品牌知名度，使品牌更具影响力。

↘ 2.4.2　文案的策划

淘宝网店的文案主要包括主图文案、详情页文案、海报文案等，而不同的文案有不同的特点。例如，主图文案要一目了然，让消费者产生点击的欲望；详情页文案则要求循序渐进，逐步攻破消费者的心理防线；海报文案则要求以情动人或定位高端，尽量获得消费者的信任。因此，文案要以消费者需求或促销目的为前提，仔细做策划与考虑。

一般来说，可从文案的受众群体、目的、主题和视觉表现等方面进行策划。

- **文案的受众群体**：网店美工在编写文案前，需掌握商品的目标群体，使目标群体与商品相契合，然后分析买卖旺季、相关行业行情、卖出商品行情等数据，从中掌握特定受众群体文案的写作要点。如通过阿里指数了解女士风衣的销售情况，通过行业大盘点，掌握 8～10 月为买卖旺季，需加大促销力度，10 月后是低谷，应该在其他商品上进行突破。
- **文案的目的**：文案的目的主要是吸引消费者、促进销售、扩大品牌知名度、加深消费者对品牌的印象。因此，明确文案的写作目的是文案编写的前提。
- **文案的主题**：文案的主题主要有两个方面：一方面是商品的特点，需要使用简单的词汇表达出商品特点的相关信息，以满足消费者的需求。另一方面和利益挂钩，通过折扣、满减等促销手段吸引消费者点击浏览活动页面。
- **文案的视觉表现**：当确定好文案的写作方向和主题后，还需考虑文案怎样与图片相融合，此时就需要通过设计文字字体、颜色和粗细等来进行视觉表现。

↘ 2.4.3　文案的前期准备

网店美工要编写文案，还需要做好以下 3 个方面的准备。

- **从基本信息中找到卖点**：了解商品的基本信息，是编写文案的前提条件。针对每个商品，都应从商品的受众人群、材质等信息出发，找到文案的关键词，并从关键词中提取卖点。

- **了解同行信息**：俗话说"知己知彼百战百胜"，即不仅要了解自身商品的特点，还要与同行的商品做分析和对比，从中吸取经验，再结合自身商品的特色进行优化。
- **准备资料**：根据相关的节日或活动对商品信息、商品卖点进行剖析，同时拍摄需要的商品照片并对其进行适当的处理，以保障后期能够快速制作图片。

↘ 2.4.4　文案的写作要点

要想写出一篇优秀的文案，除了必须具备基本的文字写作功力外，还需要掌握文案的写作要点，即如何达到增强消费者信心、凸显专业、强调品质、强调价值、减少消费者困惑等效果，下面分别对这些要点进行介绍。

- **巧妙对比，凸显专业**：若需要体现某种商品的专业性可使用两种方法：一是和同行对比，从细节处告诉消费者我更优质；二是用专业知识打动消费者，如销售纯棉外套的商家，可通过讲解如何识别纯棉与非纯棉来体现专业性，该方法较多用于详情页设计。
- **低价商品，强调品质**：如果商家所售大多是低价商品，而消费者最怕的就是假货、质量问题，这时除了使用图片进行表现外，还要在文案中重点突出该商品的品质。该方法适用于主图、详情页设计。
- **高价商品，强调价值**：如果在同类型商品中，你的商品价格更高，此时应强调价值，直接解答消费者的疑问，并从细节上表明商品价格高的原因。
- **有的放矢，减少消费者困惑**：在对某商品进行描述时，要尽量做到图文结合，从细节中体现商品的质量。因为在购买商品过程中，不是所有的消费者都喜欢咨询客服，他们更喜欢从图片中直观地找到自己需要的信息，从而决定是否购买。因此，图片的真实性和文案的详细性也是影响商品销售的重要因素。

↘ 2.4.5　主图文案的设计与编写

主图作为吸引消费者注意的首要内容，不但要展现商品的重要信息，还需要迎合消费者的心理，让消费者产生点击该主图的想法。下面对主图文案的设计与编写要点分别进行介绍。

- **卖点描述**：通过卖点描述可将消费者的心理需求展现在主图中，使主图更容易打动消费者。因此在描述时要先确定好目标消费群体，找准其核心需求，以便在文案中突出主卖点。例如，自带闪光灯的自拍杆"补光美颜"；健康生态铁锅"无涂层，不粘锅"等。如图 2-44 所示，挂烫机通过"强力除皱 方便携带"的文案描述将其卖点展现出来，从而吸引消费者购买。
- **多样化数字罗列**：用数字能更加直观地展现商品。在主图中，可通过罗列数字体现销量、满减、容量体积参数等内容。销量指促销的具体参数，如 3 分钟卖出 100 件（小爆款）、月销 10 000 件（大爆款）；满减指通过具体数据让消费者更清楚自己能够得到的利益；容量体积参数指消费者在挑选一些商品时需要考虑商品本身的体积、重量、码数等，这些数字直接写在主图上更方便消费者查看。如图 2-45 所示，通过"买贵包退　仅限一天"和"爆款 20 000 双"的文案描述将消费者的急迫感和从众心理无限放大，从而促进销售。

图 2-44　卖点描述

图 2-45　多样化数字罗列

- 促销诱惑：促销诱惑适用于有赠品或优惠的低价商品，常用的促销方式为"低价优惠＋时间限制"。例如，"18 元包邮，限今天！""食物送菜谱、家居装饰送装修方案"等。注意：当赠品为实物时，还要保证赠品与主商品的相关性。促销诱惑要与商品信息相关，抓住消费者的痛点，挖掘消费者更深层次的需求，才能打动消费者的心。

主图和详情页的文案关联

知识补充

　　在主图上通过文案做比较的同时，也要在对应的商品详情页通过图文来阐述相应的观点，让消费者点击主图链接进入详情页页面后，能够看到关于主图卖点的详细解释。

↘2.4.6　详情页文案的设计与编写

在商品详情页中，文案也是必不可少的。从功能上说，当需要对商品卖点和参数进行说明时，需要借助于精巧的文案。从视觉上说，美观的文案设计和排版可以使详情页页面显得更丰富、生动。详情页中的优秀文案可以潜移默化地影响消费者，对消费者的购买行为产生积极作用。下面对不同类型的详情页文案的设计与编写方法进行介绍。

1. 引发兴趣的文案

引发兴趣的文案主要在网店活动和商品焦点图中呈现，作用是突出核心内容，加快消费者浏览商品核心信息的速度。例如，商品核心卖点、名称、价格、广告语、消费者受众等的描述。如图 2-46 所示，一级文案"座圈加热 四季恒温"精准提炼并挖掘出商品的优势卖点，二级文案"智能可调式保温座圈……"对一级文案进行详细阐述，引发消费者继续浏览详情页的兴趣。如图 2-47 所示，"2.0L 大容量时代"能够满足消费者对热水壶大容量的需求，"满足您每日所需饮水量"从侧面表示消费者使用该商品后能给消费者生活带来便利，达到使消费者继续浏览、深入了解商品的目的。

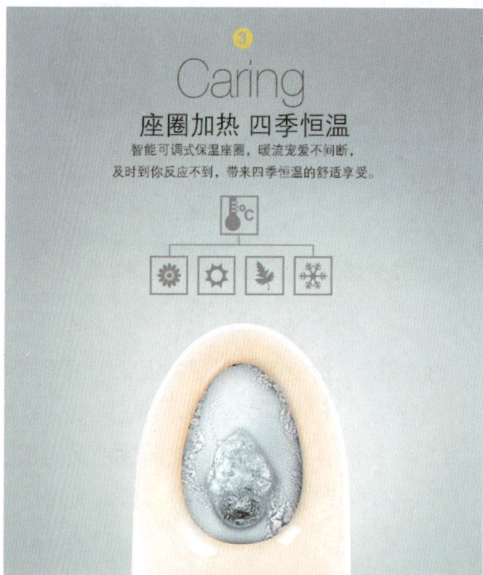

图 2-46　马桶加热座圈文案

图 2-47　热水壶大容量文案

2. 激发需求的文案

激发需求的文案的作用是找到并激发消费者的潜在需求。例如，还原商品的使用场景，使消费者产生场景共鸣并激发其购买欲望。如图 2-48 所示，文案很好地还原了消费者使用空调的生活场景，向消费者传递了一种休闲、温馨、团聚的氛围，"高温天他来照顾家""为爸妈细心找到舒适的风"的描述与空调图片相结合，将商品进一步融入消费者的生活中，给消费者带来美好的使用联想。如图 2-49 所示，文案主要用于阐述商品的功能，将文案和图片相结合，恰到好处地呈现了商品的使用情景，刺激了消费者的购买欲望。

图 2-48　空调激发需求文案

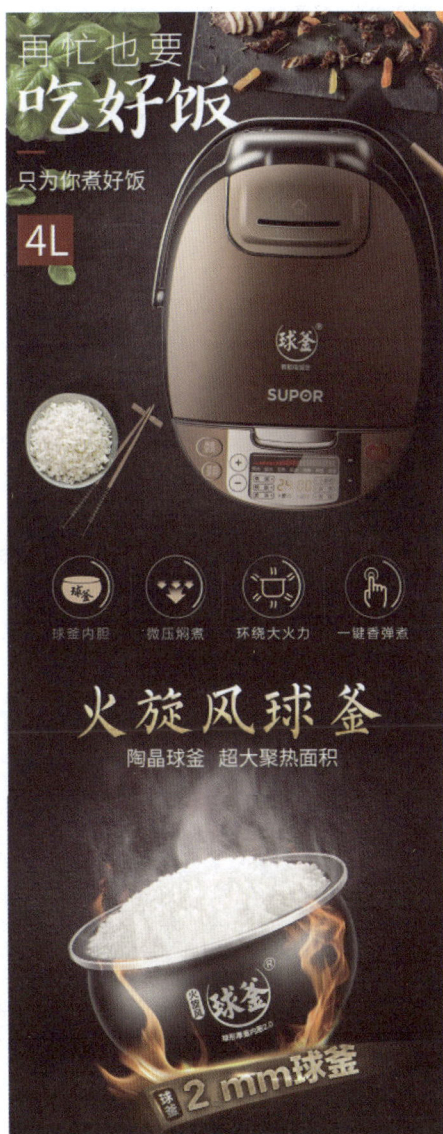

图 2-49　电饭煲激发需求文案

3. 增加信任的文案

增加信任的文案主要呈现在商品的大图、细节图、包装图等位置，作用是对商品详情进行介绍，促进消费者做出购买决策。如图 2-50 所示，"香弹可口 粒粒喷香" "柴火饭味道"展示了用该电饭煲制作的米饭有儿时的味道，使消费者对商品有更直观的印象，增加了消费者的信任感。如图 2-51 所示，"智能调节 自适应式头梁"说明了商品设计巧妙实用的特性，使得消费者能够想象到更详细的使用场景，从而对商品产生需求并增加了信任感。

图2-50　电饭煲增加信任文案

图2-51　耳机增加信任文案

4. 消除顾虑的文案

消除顾虑的文案主要呈现商品的行业证书、公司资质、公司实力、物流信息等内容，作用是消除消费者常见顾虑，如商家承诺、快递费用、到达时间等相关方面的问题。如图2-52所示，通过"品质保证"突破消费者下单前的最后一道防线，让其安心购买。如图2-53所示，通过"30年工艺传承"体现商品的工艺，再通过"专柜实拍"消除消费者的顾虑。此外，售后保障、物流保障、食品安全保障等证书也可消除消费者的顾虑。

图2-52　品牌保证书消除消费者顾虑

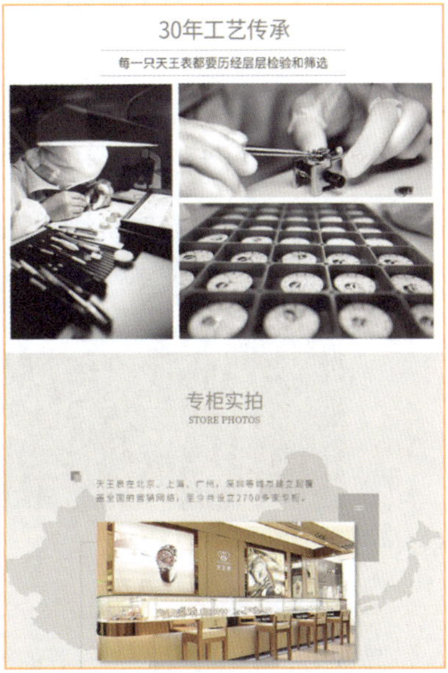

图2-53　工艺展现消除消费者顾虑

5. 促使下单的文案

促使下单的文案主要呈现在商品的促销活动及套餐搭配等位置，作用是让消费者快速下单购买，如套餐优惠、赠品、店内活动等。如图2-54所示，"前200份立减20元"文案突出展示了促销内容，可以让消费者快速抓住重点并为之心动。如图2-55所示，"香当馋"利用谐音诠释活动属性，在消费者深层次理解活动调性的前提下，加上"领券满199减100"文案，以大幅度折扣诱惑消费者下单购买。

图2-54　通过降价促使下单的文案

图2-55　通过满减促使下单的文案

↘ 2.4.7　海报文案的设计与编写

海报展示作为商品营销过程中的一个重要环节，直接将商品和消费者联系在一起，通过视觉表现形式传递给消费者最重要的商品信息，提高他们对商品的认知，从而激发其购买欲望。消费者在看到某个商品的相关信息后，就会注意该商品。海报文案作为传递信息的载体，具有十分重要的作用。海报文案的主要内容包括标题、卖点、商品、促销信息等。如图 2-56 所示，这是一张很典型的电商海报文案，主标题、副标题、卖点、商品、促销信息都表现得很好，主标题为"务实主义"，副标题为"V6 沉稳的黑色宣誓着一贯的务实精神"，卖点为"指纹、密码、钥匙、触屏"，商品为密码锁，促销信息为"￥2198/ 原价 ~~3180~~ 元"。

图 2-56　海报文案

1. 海报文案的表现手法

和谐的色彩搭配＋商品＋对应的海报文案是构成海报的基本要素，其中海报文案主要用于突出展示商品信息。海报文案的写法有多种，在电商领域常使用反问消费者、合理夸张和故事情怀等方法来写作。下面分别对这 3 种海报文案的写法进行介绍。

- **反问消费者**：针对一些消费者不知道、不明白或者平时没有注意到的问题进行提问并给出答案，以引起消费者的注意，从而达到推广商品的目的。例如，"你知道洗衣机和马桶哪个更脏吗？洗衣机比马桶脏 64 倍，也许你正在使用这样的洗衣机"，这类问题就很容易吸引消费者点击阅读。
- **合理夸张**：夸张也是海报文案的常用写法，如"惊爆价"等词语的添加就能营造出一种夸张的氛围，十分容易吸引消费者的关注。
- **故事情怀**：故事情怀是常用的文案表现手法。裂帛、初语、花笙记等电商品牌的成功案例，都证明了故事情怀是现在的网店推崇的表现手法；锤子手机曾经的海报也提到用广告和活动勾起消费者心中潜藏已久的情感，获得他们的认同，从而提高销量。

2. 展示消费者最关心的问题

好的海报文案，能体现商品的价值，触及消费者最关心的问题。要在文案中把消费者能得到的好处展示清楚，以便消费者快速判断海报文案是否对自己有用，并决定是否关注其中展示的商品。下面对常见的海报方案的展现方式进行介绍。

- **直接展示**：这是一种最常用的海报文案的展现方式，即将某个商品或主题直接明了地展示出来，细致刻画并着力渲染商品的质感、形态和功能，呈现商品精美的外观，给消费者以逼真的现实感，使其对海报所宣传的商品产生信任感。图 2-57 所示的海报文案，一句"全面抵抗紫外线"就将防晒霜的功效直接展现出来，促使消费者购买。

直接展示手法的注意事项

因为直接展示手法直接将商品推到消费者面前，所以要十分注意画面上商品的组合和展示角度，突出商品的品牌和商品本身的特点，运用光影、颜色和背景进行烘托，将商品置于一个具有感染力的空间，这样才能增强海报画面的视觉冲击力。

图 2-57　直接展示型海报文案

● **突出特点**：要想在同行业众多相似的商品中脱颖而出，在创作海报文案时，就要强调并鲜明地表现出商品本身与众不同的特征。将这些特征置于海报页面的主要视觉部位，或加以烘托处理，消费者能立即感受到商品的特征，并注意该商品，进而引起兴趣，达到刺激其购买欲望的促销目的。图 2-58 所示的海报文案，通过"美肌出众 寄语真爱"文案，将商品的特点展现出来，从而使商品更具吸引力。

图 2-58　突出特点的海报文案

● **合理夸张**：对电商文案中所宣传的商品品质或特性进行合理夸张，可加深或扩大消费者对这些特征的认识。通过这种手法能更鲜明地强调或揭示商品的品质，还能使海报文案有艺术感。图 2-59 所示的海报文案，通过"醇情告白 时刻年轻"，将商品的特点展现出来，从而使其更具吸引力。

夸张的其他类型

按商品表现的特征，夸张还可以分为形态夸张和神情夸张两种类型，前者为表现性的商品表现，后者则为含蓄性的商品表现。夸张手法可以为海报文案注入浓郁的感情色彩，使商品的特征鲜明、突出、生动。

图2-59　合理夸张的海报文案

- **以情托物**：海报是图片与文字的完美结合，消费者观看海报的过程就是与海报不断交流感情并产生共鸣的过程。海报文案可以借用美好的感情来烘托商品，真实而生动地反映商品特点，发挥艺术的感染力，达到销售商品的目的。图2-60所示的海报方案为"归家有你 满心欢喜"，就是以归家的情感来承托商品的。

图2-60　以情托物的海报文案

- **制造悬念**：首先在文案上"故弄玄虚"，布下疑阵，使消费者对海报内容抱有期待，激发其好奇心，从而促使其产生进一步探明广告题意的强烈愿望；然后通过文案标题或正文点明海报的主题，使消费者的悬念得以解除（或者不解除而保留下去）。图2-61所示的海报文案是通过预售制造商品悬念的。

图 2-61　制造悬念的海报文案

课堂实训——鉴赏森林大叔旗舰店的首页

实训目标

本实训要求从色彩、构图和页面布局等角度鉴赏森林大叔旗舰店的首页，以学习色彩搭配和版式布局的方法，首页效果如图 2-62 所示。

图 2-62　首页效果图

实训思路

根据实训目标，需要先了解该首页中包含的信息和内容，再分析其色彩搭配和版式布局的方法。

（1）观察图2-62可发现，该网店首页采用明度较高的红色，整个画面较鲜亮。与不同色彩的坚果进行对比则增添了一丝乐趣，让人产生可爱、活泼、精致和美观的感觉。

（2）文字字体以黑体、宋体为主，画面简洁、大方。使用的文案具有促销性，如"满199减100专区"，因此通过板块来展现满减信息，消费者可单击此板块链接进入相应的活动页面。文字颜色主要采用白色和红色，与背景颜色相符，不会让人产生突兀的感觉。

（3）页面布局采用页头、页中和页尾的形式。页头为促销信息的展示，页中为活动商品的展示，页尾则为网店信息的总结。整个页面布局板块清晰，内容格式统一，给人一种整洁、大方的感觉。

课后练习

练习1：赏析戈美琪女鞋旗舰店的色彩搭配和字体搭配

图2-63所示为戈美琪女鞋旗舰店首页展示效果，要求对该页面的设计元素、色彩搭配与字体搭配进行分析。

图2-63　戈美琪女鞋旗舰店首页展示效果

练习2：赏析森马官方旗舰店首页的布局

图 2-64 所示为森马官方旗舰店首页，要求对首页的颜色、风格、搭配、构图方式、网页元素等进行分析。

图2-64 森马官方旗舰店首页

拓展知识

1. 色彩的搭配方法

在网店装修中，一般不会单独使用某种色彩，而是搭配使用多种色彩。不同的色彩搭配可直接影响整个设计的基调。下面介绍 3 种常用的色彩搭配方法，以帮助网店美工快速选择色彩搭配方案。

- **对比色调搭配方法**：把色相完全相反的色彩搭配在同一个空间，如红与绿、黄与紫、橙与蓝等。这种色彩搭配方法可以产生强烈的视觉效果，给人以亮丽、鲜艳、喜庆的感觉。当然，使用对比色调搭配方法时要把握"大调和，小对比"原则，即总体色调应该是统一和谐的，局部可以有一些小的强烈的对比。
- **暖色调搭配方法**：把红色、橙色、黄色、赭色等暖色搭配使用。这种色彩搭配方法可使页面呈现出温馨、和煦、热情的氛围。

- **冷色调搭配方法**：把青色、绿色、紫色等冷色搭配使用。这种色彩搭配方法可使页面呈现出宁静、清凉、高雅的氛围。

2. 文案视觉写作要点

文案在视觉设计中也起着十分重要的作用。网店美工需要通过一些技巧来突出展示具有吸引力的文案，这样才能在突出商品卖点的同时，有效抓住消费者的购物心理，提升商品销量。

- **巧用数字**：数字对消费者的吸引力比文本更大，可以使用数字对商品的销量、价格、排名等信息进行视觉设计，以快速彰显自己的实力，增强消费者的购物信心。
- **利益诱惑**：通过有力度的商品优惠信息，如"买就送""立减 × 元""量大从优""活动仅此一次"等，促使消费者尽快做出购买决定。
- **情感宣泄**：通过场景化的文案描述，使消费者产生场景及事件联想，触及消费者的购物痛点，如"妈妈再也不用担心我的学习了"。
- **效果描述**：描述使用商品后的理想效果，如"30 天完美瘦身"等。
- **名人效应**：将自己的商品与名人联系起来，如"×× 同款""×× 不老的秘密"等，增加商品的说服力。
- **事件借势**：将热门事件中的词语、名称等融入文案中，对商品进行个性化描述，也可以快速吸引追求潮流、独特的消费者的关注。

3. 品牌文案的设计与编写

品牌文案其实是一种细化的文案类型，其主要功能是通过宣传企业的品牌来促进商品的销售。品牌文案是现在很多企业都会采用的一种行之有效的宣传方式，因为这种方式非常直接，比较通俗，成本也比其他的文案宣传方式低。

品牌文案中的品牌是宣传的主要内容，如果品牌文案写得不够出众，就会使消费者忽略品牌，也就无法达到品牌宣传的目的。一篇有品质的品牌文案所能创造的品牌影响力十分大，能让消费者通过文案体会到品牌的诚意，进而认识并认可品牌。品牌文案主要包括以下 3 个要素。

- **标题**：一个好的标题是一篇优秀品牌文案的开端，能够吸引消费者的注意。其实现在成功的品牌宣传文案范例很多，要想脱颖而出，就要通过好的标题引起消费者的兴趣。
- **内容**：内容要突出品牌的特点所在，适当地运用生活中的例子来进行讲述，让品牌更贴近生活，这样的品牌故事才更有真实感；同时，内容还要注意体现品牌优势，这样消费者才能更好地认清品牌，继而选择品牌。
- **结尾**：结尾要突出品牌的品质，体现品牌的个性化与独特性，这样才能吸引消费者购买该品牌的商品。

03

商品图片的基本处理

小美是一名网店美工，主要负责商品图片的处理和网店的美化设计工作，但是她收到的摄影师拍摄的商品图片总是存在很多问题，如商品图片大小不一、画面不清晰、噪点多、背景过于繁杂、主体不明确等。为了让图片符合要求并提高其美观度，小美需要对这些商品图片进行处理，首先是调整商品图片的大小，其次是优化图片，如提高清晰度、减少噪点等。此外，由于商品图片的背景过于繁杂，还应将商品抠取出来，放到新的背景中，保证商品图片整体画面的美观。

由此可见，摄影师拍摄的商品图片并不一定都是完美的，还需要根据实际情况进行处理。本章将对商品图片的基本处理方法进行讲解，具体包括商品图片的尺寸修改、画面优化和抠取合成等，以提高网店美工初学者对商品图片的处理能力。

学习目标

* 掌握商品图片尺寸的修改方法
* 掌握商品图片画面的优化方法
* 掌握商品图片的抠取与合成方法

案例展示

红酒杯　　　　　　　　　玻璃杯　　　　　　　　　街拍女装

3.1 修改商品图片构图

摄影师在拍摄商品时会根据商品的特点选择不同的拍摄角度，但是这样拍摄出的商品图片往往不能符合网店不同模块对尺寸的要求，这时就需要修改商品图片的尺寸。而对于倾斜的图片，则需要进行校正并重新构图。

↘ 3.1.1 修改商品图片尺寸

修改商品图片的尺寸是网店美工对图片进行处理的第一步，可以直接通过裁剪工具来实现。本例先打开"橱柜.jpg"素材文件，裁剪图片中多余的部分，以凸显商品主体"橱柜"，再将裁剪后的图片移到海报背景中，最后修改海报的大小，将其组合成一张完整的橱柜商品海报。其具体操作如下。

微课视频

修改商品图片尺寸

（1）打开"橱柜.jpg"素材文件（配套资源:\素材文件\第3章\橱柜.jpg），如图3-1所示。

（2）在工具箱中选择"裁剪工具" 🔲，此时图片编辑区出现裁剪框，按住鼠标左键向下拖曳右侧、上侧的控制点，调整裁剪区域，凸显主体商品"橱柜"，如图3-2所示。

图 3-1　打开素材文件

图 3-2　调整裁剪区域

（3）在工具箱中选择"移动工具" ✛，裁剪后的效果如图3-3所示。

（4）打开"橱柜海报.psd"素材文件（配套资源:\素材文件\第3章\橱柜海报.psd），选择【图像】/【图像大小】命令，打开"图像大小"对话框，设置"宽度"为"1920"，此时高度将根据宽度自行调整，单击 确定 按钮，完成尺寸的调整，如图3-4所示。

图 3-3　裁剪后的效果图

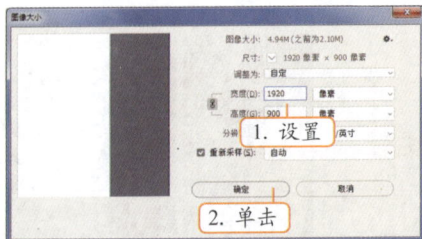

图 3-4　调整图像尺寸

（5）使用"移动工具" 将裁剪好的橱柜素材移动到"橱柜海报背景"图片文件中，并放置在橱柜海报背景的左侧。按【Ctrl+T】组合键，此时橱柜素材呈可编辑状态，拖曳右上方的控制点，将橱柜素材缩放到适当大小，编辑完成后按【Enter】键确认，效果如图 3-5 所示。最后按【Ctrl+S】组合键保存文件（配套资源:\效果文件\第3 章\橱柜海报 .psd）。

图 3-5　移动素材到背景中

知识补充

裁剪商品图片的其他方法

　　选择"裁剪工具" 后，还可在工具属性栏的"比例"下拉列表中选择按比例裁剪的方式对商品图片进行裁剪。

↘ 3.1.2　校正倾斜的商品图片

微课视频

校正倾斜的商品图片

　　摄影师在拍摄商品图片时，经常会因为拍摄角度或拍摄姿势的问题导致商品图片发生倾斜。网店美工为了保证图片符合要求，就要对倾斜的图片进行处理，比较常见的处理方法是使用透视裁剪工具来进行校正。本例将对偏右倾斜的商品图片"红酒杯 .jpg"进行校正，使其恢复正常，垂直立于桌面上。其具体操作如下。

（1）打开"红酒杯 .jpg"素材文件（配套资源:\素材文件\第 3 章\红酒杯 .jpg），如图 3-6 所示。从图 3-6 中可以看出，红酒杯存在倾斜现象。

（2）选择"透视裁剪工具" ，依次单击图片的四角以创建透视网格，然后根据红酒杯的倾斜度调整裁剪框的控制点，使裁剪框的虚线与红酒杯的边缘平行，如图 3-7 所示。

（3）确定透视角度后，按【Enter】键完成对倾斜商品图片的校正，如图 3-8 所示。

（4）此时酒杯位于画面偏左的位置，需再次进行调整。选择"裁剪工具" ，在工具属性栏的"比例"下拉列表中选择"2：3（4：6）"选项，如图 3-9 所示。

（5）此时画布中出现裁剪框，拖曳裁剪框四角的控制点调整裁剪框的大小，将鼠标指针移至裁剪框内，按住鼠标左键拖曳图片，调整裁剪框在图片中的位置，使酒杯位于画面的正中间，效果如图 3-10 所示。

图 3-6　打开素材文件　　　　图 3-7　调整裁剪框的控制点　　　　图 3-8　完成校正

（6）确定裁剪区域后，按【Enter】键，完成裁剪操作，按【Shift+Ctrl+S】组合键，打开"另存为"对话框，保存文件，裁剪完成后的效果如图 3-11 所示（配套资源:\效果文件\第3章\红酒杯 .jpg）。

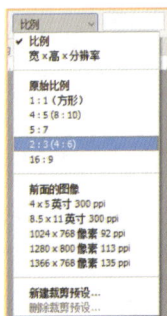

图 3-9　选择裁剪比例　　　　图 3-10　调整裁剪区域　　　　图 3-11　完成裁剪

3.2　商品图片画面的优化

　　网店美工除了要校正商品图片的尺寸和角度外，还要对商品图片的画面进行优化，如对模糊的商品图片进行清晰度优化处理、对噪点较多的商品图片进行降噪处理、去除商品图片中多余的对象，以及虚化商品图片的背景来突出商品等。下面分别进行介绍。

↘3.2.1　商品图片清晰度优化处理

　　当商品图片较为灰暗、模糊时，就很难体现出该商品的轮廓和细节。网店美工可通过高反差保留和设置图层混合模式来提高图片的清晰度，增强图片的质感。本例将打开"玻璃杯 .jpg"素材文件，对模糊的玻璃杯进行清晰度优化处理，让玻璃杯的轮廓和细节更加清晰。其具体操作如下。

（1）打开"玻璃杯 .jpg"素材文件（配套资源:\素材文件\第

微课视频

商品图片清晰度优化处理

3 章 \ 玻璃杯 .jpg ），如图 3-12 所示。

（2）按【Ctrl+J】组合键复制图层。选择【图像】/【调整】/【去色】命令，对复制的图层进行去色处理，效果如图 3-13 所示。

图 3-12　打开素材文件

图 3-13　去色图层

（3）选择【滤镜】/【其他】/【高反差保留】命令，打开"高反差保留"对话框，设置"半径"为"2.5"，单击 确定 按钮，如图 3-14 所示。

（4）打开"图层"面板，在"设置图层的混合模式"下拉列表中选择"叠加"选项，此时可发现玻璃杯的轮廓和细节变得清晰，如图 3-15 所示。

知识补充

高反差保留的设置技巧

通过高反差保留对商品轮廓进行清晰度处理时，只需微调半径值，保证所处理对象的轮廓显示清楚。若处理后效果不太明显，可多次复制叠加图层，以提高轮廓的清晰度。

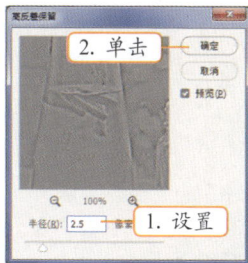

图 3-14　设置"高反差保留"参数

图 3-15　设置图层的混合模式

（5）按【Ctrl+J】组合键复制图层 1，此时可发现玻璃瓶变得更加清晰，如图 3-16 所示。

（6）选择【窗口】/【属性】命令，打开"属性"面板，单击"色阶"按钮 ，打开"色阶"属性面板，设置色阶值分别为"22、1.2、230"，完成图片亮度的调整，保存文件，效果如图 3-17 所示（配套资源 :\ 效果文件 \ 第 3 章 \ 玻璃杯 .psd）。

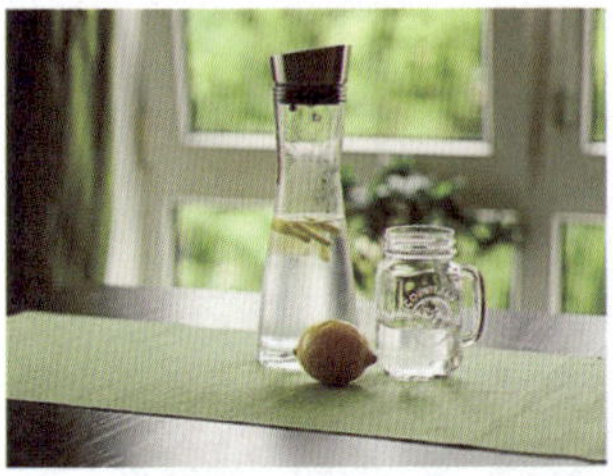

图 3-16　复制图层

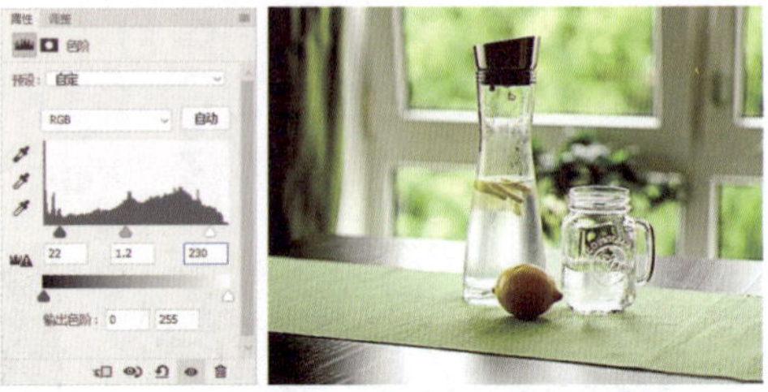

图 3-17　完成后的效果

↘ 3.2.2　商品图片降噪优化处理

商品图片中的噪点主要有两类：颜色噪点和明亮度噪点。颜色噪点是指图片中单纯的色彩区域内出现的五颜六色的杂色块。明亮度噪点是指图片中亮度一致的区域内出现的斑斑点点，以及亮度不一的灰色颗粒。网店美工在处理噪点较多的商品图片时，可使用减少杂色、表面模糊等功能实现。本例将对"糕点 .jpg"素材文件中的颜色噪点进行降噪处理，使图片整体更加美观。其具体操作如下。

（1）打开"糕点 .jpg"素材文件（配套资源 :\ 素材文件 \ 第 3 章 \ 糕点 .jpg），可发现整个画面存在颜色噪点，如图 3-18 所示。按【Ctrl+J】组合键复制图层。

（2）选择【滤镜】/【杂色】/【减少杂色】命令，打开"减少杂色"对话框，设置"强度、保留细节、减少杂色、锐化细节"分别为"10、15、72、20"，完成后勾选"移去 JPEG 不自然感"复选框，单击 确定 按钮，如图 3-19 所示。

图 3-18　打开素材文件

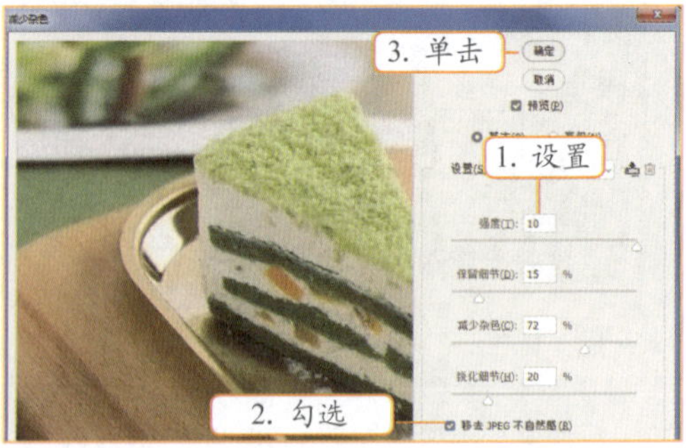

图 3-19　设置"减少杂色"参数

（3）按【Ctrl+J】组合键复制图层。选择【滤镜】/【模糊】/【表面模糊】命令，打开"表面模糊"对话框，设置"半径、阈值"分别为"3、19"，完成后单击 确定 按钮，此时可发现颜色噪点区域变得光滑，但存在轮廓模糊的现象，如图 3-20 所示。

（4）再次按【Ctrl+J】组合键复制图层。选择【滤镜】/【其他】/【高反差保留】命令，打开"高反差保留"对话框，设置"半径"为"3"，单击 确定 按钮，保留图片轮廓，如图 3-21 所示。

图 3-20　表面模糊图片

图 3-21　设置"高反差保留"参数

（5）打开"图层"面板，在"设置图层的混合模式"下拉列表中选择"颜色减淡"选项，
　　　设置"不透明度"为"20%"，此时可发现糕点的轮廓对比强烈，但还是存在少
　　　量颜色噪点，如图 3-22 所示。

（6）先按【Shift+Ctrl+Alt+E】组合键盖印图层，然后按【Ctrl+J】组合键复制图层。
　　　选择【滤镜】/【杂色】/【减少杂色】命令，打开"减少杂色"对话框，设置"保
　　　留细节"为"0"，单击 确定 按钮，此时可发现颜色噪点已清除干净，但糕点效
　　　果不够明显。选择"历史记录画笔工具" ![icon] 在糕点上进行涂抹，恢复糕点本身
　　　的色彩。

（7）完成后按【Ctrl+S】组合键保存文件，效果如图 3-23 所示（配套资源:\效果文件\第
　　　3 章 \ 糕点 .psd）。

图 3-22　设置图层的混合模式

图 3-23　完成后的效果图

↘ 3.2.3　去除商品图片中的多余对象

　　摄影师在拍摄商品图片时，为了完整地展现商品的特点，
往往会扩大取景范围，这可能导致商品图片中出现多余的对象，
如人物、街道等。特别是在拍摄外景时，这种情况更加常见。
当遇到这种情况时，网店美工可以使用修复工具去除图片中多
余的对象。本例将去除"街拍女装 .jpg"素材文件中多余的人物，
使背景更加干净，主体人物更加突出，进而更好地表现街拍风格。其具体操作如下。

（1）打开"街拍女装 .jpg"素材文件（配套资源:\素材文件\第 3 章\街拍女装 .jpg），

微课视频

去除商品图片中的
多余对象

如图 3-24 所示。从图中可以看出，在模特的后方有多余的人物，整个画面显得有些杂乱。

（2）在工具箱中选择"修补工具" ⬚，在工具属性栏中设置"修补"为"内容识别"，在图片编辑区选择后方穿黑色衣服的人物，按住鼠标左键并拖曳来框选该人物，此时框选区域变为选区，如图 3-25 所示。

图 3-24　打开素材文件

图 3-25　框选人物

（3）将鼠标指针移至选区内，按住鼠标左键向右拖曳至空白墙面，释放鼠标后可发现选择的人物区域已修复为鼠标拖曳后目标位置所在的墙面图片，如图 3-26 所示。

（4）使用相同的方法去除穿粉色衣服的人物，效果如图 3-27 所示。注意：修复时要连同下方的投影一起框选，拖曳时则要与地平线对齐，否则就会出现拖曳后的效果与原图片不匹配的情况。

图 3-26　去除穿黑色衣服的人物

图 3-27　去除穿粉色衣服的人物

（5）在工具箱中选择"仿制图章工具" 🖈，在工具属性栏中设置"画笔大小"为"10"，在人物的上方按住【Alt】键后单击鼠标左键进行取样，再向下拖曳对人物进行覆盖，若拖曳过程中发现人物没有被覆盖，可在不同区域取样再进行覆盖，如图 3-28 所示。

（6）使用相同的方法，反复进行取样和覆盖，直至后方的人物全部被去除。完成后保存文件，效果如图 3-29 所示（配套资源:\效果文件\第 3 章\街拍女装 .jpg）。

图 3-28　覆盖人物

图 3-29　完成后的效果图

知识补充

去除商品图片中多余对象的其他方法

除了可使用修补工具去除商品图片中多余的对象外，还可使用污点修复画笔工具、修复画笔工具、内容感知移动工具等实现上述功能，其使用方法基本相同。去除多余对象后还可对背景进行虚化，使商品更加突出。

3.2.4　虚化商品图片背景以突出商品

若商品图片背景过于突出，网店美工可使用模糊工具对其进行虚化处理，避免背景喧宾夺主。本例将打开“街拍商品图片.jpg”素材文件，先使用模糊工具模糊全部场景，再使用历史画笔工具突出人物主体，最后使用减淡工具降低背景的亮度，使人物主体更加美观、突出。其具体操作如下。

微课视频
虚化商品图片背景以突出商品

（1）打开“街拍商品图片.jpg”素材文件（配套资源:\素材文件\第3章\街拍商品图片.jpg），按【Ctrl+J】组合键复制图层，如图3-30所示。

（2）在工具箱中选择“模糊工具”，在工具属性栏中设置“画笔大小、强度”分别为“100、80%”，对背景部分进行涂抹以模糊背景，如图3-31所示。

（3）在工具箱中选择“套索工具”，在图片编辑区的人物部分绘制一个选区，使其框选住人物身形，如图3-32所示。

（4）选择【滤镜】/【锐化】/【USM锐化】命令，打开“USM锐化”对话框，设置“数量、半径、阈值”分别为“40、2.0、30”，单击确定按钮，如图3-33所示。

（5）返回图片编辑区，按【Ctrl+D】组合键取消选区，再选择工具箱中的“减淡工具”，在工具属性栏中设置“画笔大小、曝光度”分别为“130、50%”，在整张图片上涂抹以增强亮度，使其更加美观。

（6）完成后按【Ctrl+S】组合键，保存文件并查看完成后的效果，如图3-34所示（配套资源:\效果文件\第3章\街拍商品图片.psd）。

图 3-30　打开素材文件并复制图层　　　图 3-31　模糊背景　　　图 3-32　绘制选区

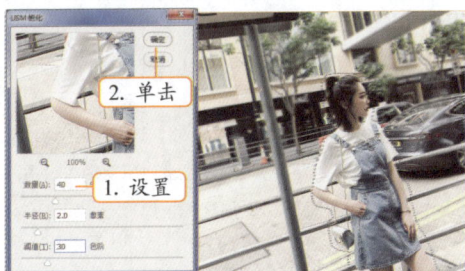

图 3-33　锐化图片　　　　　　　　图 3-34　完成后的效果图

虚化背景时绘制选区和锐化的技巧

知识补充

　　在虚化背景的过程中，创建图片选区时，最好使选区与图片边缘间有一定的距离，以免绘制选区时出错。同时还可通过锐化来提高对象的清晰度，增强其质感。

3.3　抠取并合成商品图片

　　网店页面需要具备强烈的视觉表现力和营销导向性的图片，使用普遍的商品图片远远不能达到为网店引流、提高销售的目的。此时就需要先将图片中的商品抠取出来，再为其替换更加符合需要的背景。通过图层的叠加，使抠取出来的商品与新背景融合在一起，不仅能提高商品的美观度，还能营造良好的营销氛围，突出商品的特点并引导消费者点击商品图片。下面对抠取并合成商品图片的方法进行介绍。

↘3.3.1　抠取单色背景的商品图片并合成

　　对于单色背景的商品图片，可直接使用快速选择工具和魔棒工具进行抠取，其抠取方法基本相同。本例将打开"空调.jpg"素材文件，使用魔棒工具抠取空调，并应用到其他背景中进行

微课视频

抠取单色背景的商品图片并合成

合成。其具体操作如下。

（1）打开"空调.jpg"素材文件（配套资源:\素材文件\第3章\空调.jpg），按【Ctrl+J】组合键复制图层，如图3-35所示。

（2）在工具箱中选择"魔棒工具" ![魔棒], 在工具属性栏中设置"容差"为"10"，再在白色空白区域单击鼠标左键，创建选区，如图3-36所示。

图3-35　打开素材文件并复制图层　　　　图3-36　创建选区

设置容差的技巧

设置容差值是为了扩大颜色的选取区域，容差值为0意味着只能选择与单击鼠标左键处相同颜色的区域。容差值越大，可选择的区域就越大。但应注意的是，容差值并不是越大越好，因为容差值过大可能会造成图片选择区域不准确。

（3）按【Ctrl+Shift+I】组合键反选选区，使空调被选中，如图3-37所示。

（4）打开"空调背景.jpg"素材文件（配套资源:\素材文件\第3章\空调背景.jpg），使用"移动工具" ![移动]将抠取出的商品图片拖曳到背景中并调整位置，如图3-38所示。

（5）按【Ctrl+J】组合键复制上一步骤得到的图层，并将其拖曳到空调图层的下方，按【Ctrl+T】组合键使图片呈框选状态，再在其上单击鼠标右键，在弹出的快捷菜单中选择"垂直翻转"命令，如图3-39所示。

图3-37　选中空调　　　　图3-38　移动空调到背景中　　　　图3-39　选择"垂直翻转"命令
　　　　　　　　　　　　　　　并调整位置

（6）在"图层"面板中设置翻转后图层的"填充"为"30%"，完成后将图片向下移动，形成投影效果，如图3-40所示。

图3-40　添加投影效果

（7）在"图层"面板中单击"添加图层样式"按钮 **fx.**，在打开的下拉列表中选择"投影"选项，打开"图层样式"对话框，设置"距离、扩展、大小"分别为"5、3、8"，单击 确定 按钮，如图3-41所示。

（8）完成后按【Ctrl+S】组合键，保存文件并查看效果，如图3-42所示（配套资源:\效果文件\第3章\空调主图.psd）。

图3-41　设置"投影"参数

图3-42　完成后的效果图

↘ 3.3.2　抠取精细商品图片并合成

当商品图片中的商品轮廓和背景均比较复杂时，直接使用魔棒工具很难得到较好的抠图效果。网店美工可使用钢笔工具抠取商品细节，并在抠取时注意锚点、平滑点的调整方法。本例将打开"耳机.jpg"素材文件，使用钢笔工具抠图并替换背景，使其形成具有商业展示效果的图片。其具体操作如下。

（1）打开"耳机.jpg"素材文件（配套资源:\素材文件\第3章\耳机.jpg），如图3-43所示。

微课视频

抠取精细商品图片并合成

（2）在工具箱中选择"钢笔工具" ∅.，在工具属性栏中设置"工具模式"为"路径"，按住【Alt】键并向上滚动鼠标滚轮放大图片到合适大小，在耳机的右上角单击鼠标左键确定路径起始点，如图3-44所示。

（3）在轮廓的中间位置再次单击鼠标左键，确定第二点，并按住鼠标左键创建平滑点，如图3-45所示。注意创建平滑点的位置不要过远，否则轮廓线将不够贴合。

图3-43 打开素材文件   图3-44 确定起始点   图3-45 确定第二点

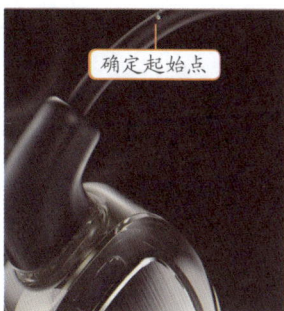

（4）使用相同的方法，沿着耳机绘制其他路径。当路径不够平滑时，可在工具箱中选择"添加锚点工具" ∅.和"删除锚点工具" ∅.对锚点进行调整，使路径与耳机能更好地贴合，如图3-46所示。

（5）完成路径的绘制后，在其上单击鼠标右键，在弹出的快捷菜单中选择"建立选区"命令，如图3-47所示。

（6）打开"建立选区"对话框，设置"羽化半径"为"1"，单击 确定 按钮，如图3-48所示。

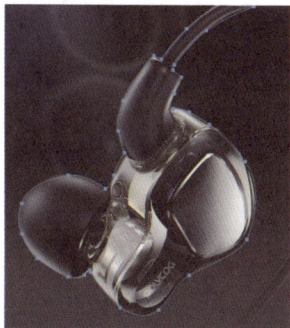

图3-46 完成路径的绘制   图3-47 选择"建立选区"命令   图3-48 建立选区

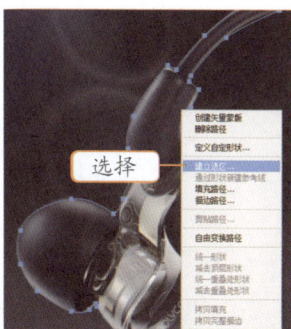

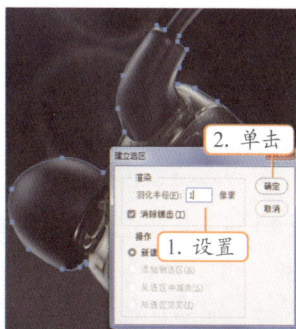

（7）打开"耳机背景.jpg"素材文件（配套资源:\素材文件\第3章\耳机背景.jpg），将抠取的耳机图片拖曳到该背景中，调整大小和位置，保存文件并查看完成后的效果，如图3-49所示（配套资源:\效果文件\第3章\耳机海报.psd）。

图 3-49　完成后的效果图

如何快速放大和缩小窗口

知识补充

在使用钢笔工具抠图时，可按【Ctrl++】组合键或【Ctrl+-】组合键来放大或缩小窗口；可按【Backspace】键移动画面，以便更好地观察图片的细节，从而使抠图效果更精确。

↘ 3.3.3　抠取半透明商品图片并合成

对于一些特殊的商品，如酒杯、婚纱、冰块、矿泉水等，使用一般的抠图工具很难得到想要的透明效果。此时需结合钢笔工具、图层蒙版和通道等进行抠图，以保证透明区域的完整与美观。本例通过抠取婚纱讲解半透明商品图片的抠图方法，网店美工可借鉴该方法进行其他半透明商品的抠图。其具体操作如下。

微课视频

抠取半透明商品图片
并合成

（1）打开"婚纱 .jpg"素材文件（配套资源 :\ 素材文件 \ 第 3 章 \ 婚纱 .jpg），按【Ctrl+J】组合键复制背景图层，得到"图层 1"图层，如图 3-50 所示。

（2）在工具箱中选择"钢笔工具" ⌀，沿着人物轮廓绘制路径，注意绘制的路径不包括半透明的婚纱部分，如图 3-51 所示。

（3）打开"路径"面板，双击"工作路径"路径，打开"存储路径"对话框，保持默认设置不变，单击 确定 按钮，如图 3-52 所示。

（4）按【Ctrl+Enter】组合键将绘制的路径转换为选区，单击"通道"面板中的"将选区存储为通道"按钮 ▣，创建"Alhpa1"通道，如图 3-53 所示。

（5）选择"蓝"通道，将其拖曳到"创建新通道"按钮 ▣ 上，得到"蓝 拷贝"通道。继续选择"钢笔工具" ⌀，为背景创建选区，并填充为黑色，完成后取消选区，如图 3-54 所示。

图 3-50 打开素材文件并复制图层　　图 3-51 绘制婚纱路径　　图 3-52 存储路径

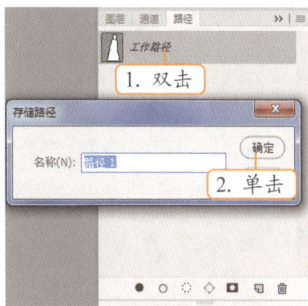

图 3-53 将选区存储为通道　　　　　图 3-54 创建选区并填充为黑色

复制蓝色通道的原因

知识补充

创建 Alpha 1 通道的目的是对人物轮廓进行展现，而透明的婚纱部分则需要先复制对比更加强烈的蓝色通道，再抠取透明的婚纱部分。若选择的婚纱图片背景比较复杂，则需要使用钢笔工具慢慢抠取；若选择的是纯色背景，则直接使用魔棒工具即可。

（6）选择【图像】/【计算】命令，打开"计算"对话框，设置"源2、混合"分别为"Alpha 1、相加"，单击 确定 按钮，如图 3-55 所示。

（7）查看计算通道的效果，在"通道"面板底部单击"将通道作为选区载入"按钮 ，载入通道的人物选区如图 3-56 所示。

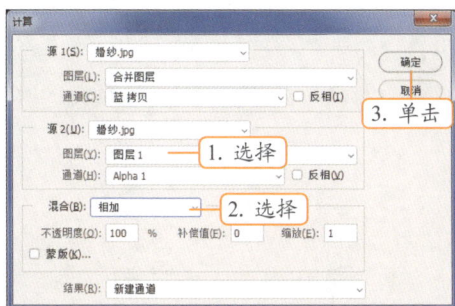

图 3-55 设置"计算"参数　　　　　图 3-56 载入通道的人物选区

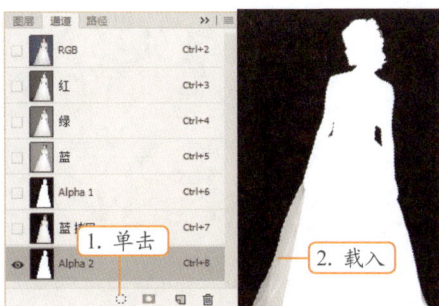

（8）切换到"图层"面板，选择"图层 1"图层，按【Ctrl+J】组合键复制选区到"图层 2"图层上，隐藏其他图层。

（9）打开"婚纱背景 .jpg"素材文件（配套资源 :\素材文件 \ 第 3 章 \ 婚纱背景 .jpg），将人物拖曳到婚纱背景中，调整大小与位置，保存文件并查看完成后的效果，如图 3-57 所示（配套资源 :\效果文件 \ 第 3 章 \ 婚纱海报 .psd）。

图 3-57　完成后的效果

课堂实训

实训1：修改运动商品图片尺寸

实训目标

图 3-58 所示为左侧空白的运动商品图片，要求在保证画面完整、美观的基础上，对空白区域进行裁剪，使其最终尺寸为"1500 像素 ×1000 像素"，完成后的效果如图 3-59 所示。

图 3-58　运动商品图片原图　　　　　　图 3-59　裁剪后的效果

实训思路

根据实训目标，需要首先确定裁剪尺寸，然后调整裁剪位置，最后进行裁剪。

（1）打开"运动 .jpg"素材文件（配套资源 :\素材文件 \ 第 3 章 \ 运动 .jpg）。

（2）在工具箱中选择"裁剪工具"　，在工具属性栏的"比例"下拉列表中选择"宽 ×
高 × 分辨率"选项。

（3）在"宽、高"数值框中分别输入"1500、1000"，在"设置裁剪图片的分辨率"
下拉列表中选择"像素 / 英寸"选项，然后在"分辨率"数值框中输入 "72"，
单击 确定 按钮。

（4）返回图片编辑区，可发现图片中出现裁剪框，按住鼠标左键并拖曳图片，调整
裁剪框在图片中的位置。

（5）确定裁剪区域后，按【Enter】键，完成裁剪操作（配套资源:\效果文件\第 3 章
\运动 .jpg）。

实训2：处理菠萝商品图片效果

实训目标

图 3-60 所示为菠萝商品图片。通过观察可发现，该商品图片的主体是菠萝，但
画面中有多余的枇杷。因此，网店美工在处理该商品图片时，需要先去除画面中多余
的枇杷，然后对商品图片的整体色调进行处理，如提升其亮度、对比度，以保证商品
图片的清晰、美观。在处理时，可使用修补工具、污点修复画笔工具、仿制图章工具，
然后使用"调整"面板对颜色进行简单调整，完成后的效果如图 3-61 所示。

图 3–60　菠萝商品图片原图 　　　　图 3–61　处理后的效果图

实训思路

根据实训目标，需要首先去除枇杷，然后对污点进行修复，最后调整商品图片的
整体色彩。

（1）打开"菠萝 .jpg"素材文件（配套资源:\素材文件\第 3 章\菠萝 .jpg），按【Ctrl+J】
组合键复制图层。

（2）选择"修补工具"　，框选右侧的枇杷，并向左拖曳，即可对画面进行修复。

（3）使用"污点修复画笔工具"　，在去除枇杷后的区域进行涂抹，去除残留的黄
色污点。

（4）打开"调整"面板，单击"亮度／对比度"按钮 ☀，打开"亮度／对比度"调整面板，设置"亮度、对比度"分别为"80、−22"。

（5）打开"调整"面板，单击"色相／饱和度"按钮 ▦，打开"色相／饱和度"调整面板，设置"色相、饱和度、明度"分别为"−10、−10、0"。

（6）完成后保存文件，并查看效果（配套资源:\效果文件\第3章\菠萝.psd）。

实训3：抠取耳机图片并合成

🔘 实训目标

图 3-62 所示为耳机商品图片。通过观察可发现，耳机的轮廓不够清晰，使用魔棒工具很难完整地抠取出耳机的全部细节，因此需要使用钢笔工具来抠取。抠取完成后，为了提高商品图片的美观度，还要对其进行合成并添加背景、文字和阴影等操作，完成后的效果如图 3-63 所示。

图 3-62　耳机商品图片原图

图 3-63　完成后的效果图

🔘 实训思路

根据实训目标，需要先将耳机抠取出来，再进行背景合成。

（1）打开"头戴式耳机.jpg"素材文件（配套资源:\素材文件\第3章\头戴式耳机.jpg），按【Ctrl+J】组合键复制背景图层。

（2）在工具箱中选择"钢笔工具" ⌀，沿着耳机的轮廓绘制路径，绘制完成后按【Ctrl+Enter】组合键，将路径转换为选区再进行反选。

（3）打开"头戴式耳机背景.jpg"素材文件（配套资源:\素材文件\第3章\头戴式耳机背景.jpg），将抠取出的耳机图片拖曳到此背景中，调整大小与位置，并添加文字、阴影，完成合成操作。

（4）完成后保存文件，并查看效果（配套资源:\效果文件\第3章\耳机主图.psd）。

课后练习

练习1：处理红毛丹污点

　　红毛丹这类水果的商品图片，常常会出现黑点、杂点和斑点等问题。网店美工可结合污点修复画笔工具、海绵工具等对商品图片进行处理，还可根据需要对背景进行虚化，使商品图片更加美观。本练习将打开"红毛丹.jpg"素材文件（配套资源:\素材文件\第3章\红毛丹.jpg），处理其中的污点并加深红毛丹的色泽。处理前后的对比效果如图3-64所示（配套资源:\效果文件\第3章\红毛丹.jpg）。

　　其具体要求如下。

- 熟练掌握商品图片的优化方法。
- 分别使用污点修复画笔工具、海绵工具、模糊工具对图片进行处理，使整个画面中的红毛丹更加美观。

图 3-64　处理前后的对比效果

练习2：抠取红酒商品图片并合成

　　对于背景较为干净的商品图片，网店美工可直接使用魔棒工具处理。本练习将对"红酒.jpg"素材文件（配套资源:\素材文件\第3章\红酒.jpg）进行抠图，将抠取出来的红酒瓶应用到其他背景中，调整大小和位置后合成为更具有营销表现力效果的图片。处理前后的对比效果如图3-65所示（配套资源:\效果文件\第3章\红酒.psd）。

　　其具体要求如下。

- 熟练掌握抠取商品图片的方法。
- 使用魔棒工具抠取红酒瓶并应用到其他背景中。

图 3-65　处理前后的对比效果

拓展知识

1. 商品图片抠图前的分析

在对商品图片进行抠图前，网店美工需要先根据图片的特点分析应采取何种抠图方式。常见的图片分析方法有以下两种。

- **分析对象的形状特征**：首先观察需要抠取对象的形状特征，若为几何图形，则可使用选框工具和多边形套索工具进行抠取；若为不规则图形，则可使用钢笔工具进行抠取。选框工具一般使用矩形选框工具和椭圆选框工具，拖曳鼠标即可完成选区的选择；多边形套索工具与文中讲解的磁性套索工具属于同一类工具。
- **分析对象的色彩特征**：当需要抠取色差较大的某一色彩区域时，可通过魔棒工具和"色彩范围"命令实现。如果背景与需要抠取对象的颜色反差较大，则即使是毛发类等对精确度要求很高的图片，也可以通过"色彩范围"命令来实现。

2. 复杂图片的抠取策略

对于一些背景复杂的毛发类图片或透明、半透明的商品图片，使用前面讲解的抠图方法都无法实现比较精确的抠图效果，这时可借用通道这一功能抠取图片。通道抠图的原理是通过红、绿、蓝3个通道找出黑白对比最强烈的一个通道图片，然后通过创建选区的方法将商品抠取出来。图3-66所示为任意一张图片的3个通道的黑白对比效果，从中可发现绿通道的颜色对比最强烈。

图3-66　黑白对比效果

若在"通道"面板中每个通道的颜色对比都不太明显，则可通过"计算"对话框加深图片轮廓，生成一张颜色对比强烈的新通道来做选区，从而使抠取的图片更加精确。如果网店美工希望能提高自己在Photoshop中的抠图技艺，可在学习完本章后再学习通道的相关知识。

商品图片光影与
色调的调整

案例导入

　　作为一名新人，公司让小美负责筛选做过基本处理的商品图片。然而，她发现这些商品图片并不完美，很多光影和色调都达不到网店的要求。于是小美将这一问题报备给了公司领导，领导让小美来处理。小美针对这些商品图片存在的光影与色调问题进行了调整，得到了领导的称赞。

　　由此可见，商品图片的基本处理只是美化商品图片的简单操作，要想让商品图片更加美观，还需要在光影和色调上多下功夫，使每张商品图片的光影和色调与实物相符，这样才更能吸引消费者的眼球。

学习目标

* 学会商品图片光影调整的方法

* 掌握商品图片色调调整的方法

案例展示

车厘子

模特

T恤

男装模特

4.1 调整商品图片的光影

　　摄影师在不同场景、不同角度、不同光线条件下拍摄的商品图片可能与实物不符。所以，调整商品图片的光影是网店美工还原图片实际效果必须掌握的技能之一。下面介绍几种常见的光影调整方法，包括修复曝光不足的商品图片、修复曝光过度的商品图片、修复逆光光影的商品图片。

↘ 4.1.1　修复曝光不足的商品图片

　　曝光不足的商品图片一般是摄影师在拍摄中对被拍摄物体的亮度估计不足造成的。所以在调整该类图片时，首先需要解决亮度的问题，即提升商品图片的整体色调。本例将打开"车厘子.jpg"素材文件，调整明暗度和对比度，以增加曝光度，从而还原实际效果。其具体操作如下。

微课视频

修复曝光不足的商品
图片

（1）打开"车厘子.jpg"素材文件（配套资源:\素材文件\第4章\车厘子.jpg），按【Ctrl+J】
　　　组合键复制图层，如图4-1所示。
（2）选择【图像】/【调整】/【色阶】命令，打开"色阶"对话框，在"高光、暗调、
　　　中间调"数值框中分别输入"0、1.2、220"，单击 确定 按钮，如图4-2所示。

图4-1　打开素材文件并复制图层

图4-2　调整"色阶"

（3）选择【图像】/【调整】/【亮度/对比度】命令，打开"亮度/对比度"对话框，
　　　设置"亮度、对比度"分别为"55、25"，单击 确定 按钮，如图4-3所示。
（4）选择【图像】/【调整】/【曝光度】命令，打开"曝光度"对话框，设置"曝光
　　　度、位移、灰度系数校正"分别为"+1.11、-0.0079、1.00"，单击"确定"按钮，
　　　如图4-4所示。
（5）再次选择【图像】/【调整】/【亮度/对比度】命令，打开"亮度/对比度"对话框，
　　　设置"亮度、对比度"分别为"-40、28"，单击 确定 按钮，如图4-5所示。
（6）返回图片编辑区，可发现车厘子的明暗度有了明显变化，并且其暗部也出现了
　　　更多的细节，此时保存文件，效果如图4-6所示（配套资源:\效果文件\第4章\车
　　　厘子.psd）。

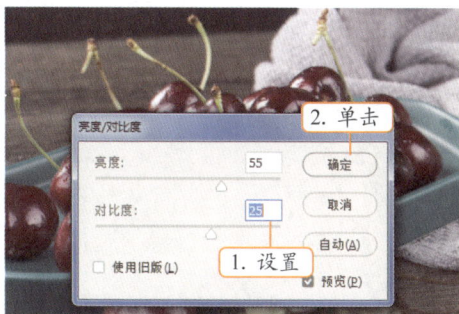

图 4-3　调整"亮度 / 对比度"

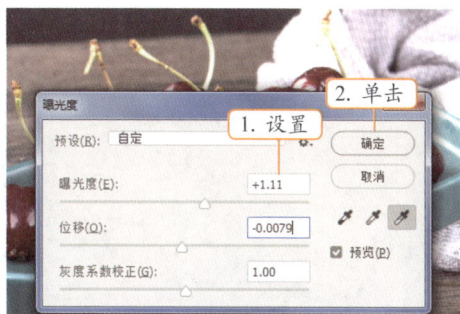

图 4-4　调整"曝光度"

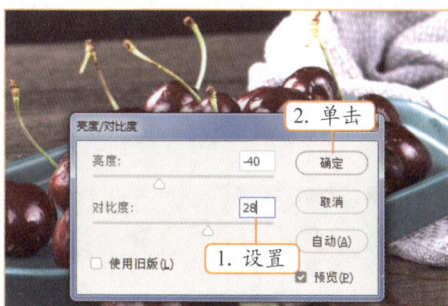

图 4-5　调整"亮度 / 对比度"

图 4-6　完成后的效果图

修复曝光不足商品图片的注意事项

知识补充

　　曝光不足的商品图片整体色调偏暗，因此在调整前需要先增加亮度。在修复时，除了可使用"色阶"命令外，还可使用"曲线"命令。注意不要调整得过亮，否则会造成曝光过度。另外，提高亮度后还需要增加对比度和曝光度，使商品与背景区分开来。

↘ 4.1.2　修复曝光过度的商品图片

　　与曝光不足相对的是曝光过度。曝光过度的商品图片会呈现出过于明亮、发白的效果。在修复该类图片时，需要先降低亮度，再进行曝光度的调整。本例将调整曝光过度的"糕点 .jpg"素材文件，使用"曝光度、亮度 / 对比度、自然饱和度、色阶和曲线"命令进行修复处理，使其恢复真实效果。其具体操作如下。

微课视频

修复曝光过度的商品
图片

（1）打开"糕点 .jpg"素材文件（配套资源:\素材文件\第 4 章\糕点 .jpg），按【Ctrl+J】
　　　组合键复制图层，如图 4-7 所示。
（2）选择【图像】/【调整】/【曝光度】命令，打开"曝光度"对话框，设置"曝光度、
　　　位移"分别为"-0.32、-0.0160"，单击 确定 按钮，如图 4-8 所示。

图 4-7　打开素材文件并复制图层

图 4-8　调整"曝光度"

（3）选择【图像】/【调整】/【亮度／对比度】命令，打开"亮度／对比度"对话框，设置"亮度、对比度"分别为"-10、-20"，单击 确定 按钮，如图 4-9 所示。

（4）选择【图像】/【调整】/【自然饱和度】命令，打开"自然饱和度"对话框，设置"自然饱和度、饱和度"分别为"+10、+5"，单击 确定 按钮，如图 4-10 所示。

图 4-9　调整"亮度／对比度"

图 4-10　调整"自然饱和度"

（5）选择【图像】/【调整】/【色阶】命令，打开"色阶"对话框，在"高光、暗调、中间调"数值框中分别输入"20、1.2、240"，单击 确定 按钮，此时可发现整个糕点具有明暗对比效果，如图 4-11 所示。

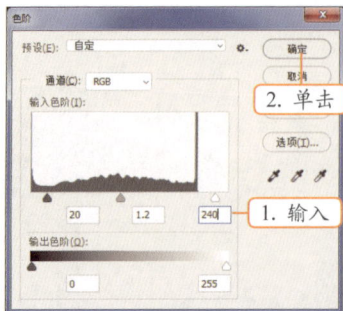

图 4-11　调整"色阶"

（6）再次选择【图像】/【调整】/【曝光度】命令，打开"曝光度"对话框，设置"曝光度"为"0.1"，单击 确定 按钮，如图 4-12 所示。注意这里之所以设置"曝光度"，主要是因为设置"色阶"后，整个画面的曝光度有点低，需要增加曝光效果。

（7）选择【滤镜】/【锐化】/【USM 锐化】命令，打开"USM 锐化"对话框，设置"数量、半径、阈值"分别为"190、50.0、100"，单击 确定 按钮，如图 4-13 所示。

图 4-12　调整"曝光度"

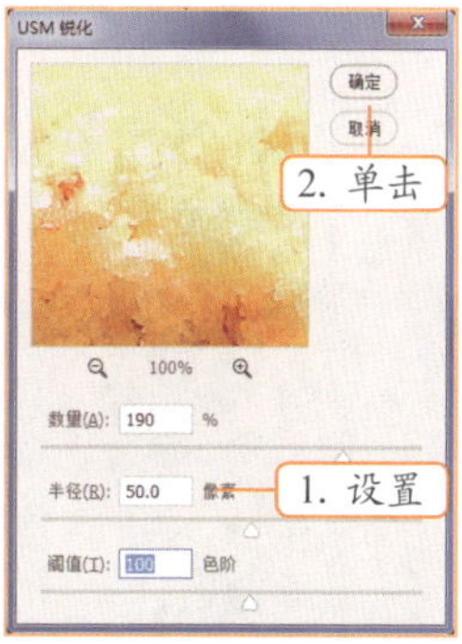

图 4-13　设置"USM 锐化"

（8）返回图片编辑区，可发现糕点的颜色更加饱和、轮廓更加清晰，如图 4-14 所示。

（9）按【Ctrl+J】组合键复制"图层 1"图层，打开"图层"面板，在"设置图层的混合模式"下拉列表中选择"正片叠底"选项，在"不透明度"右侧的数值框中输入"30%"，完成曝光过度商品图片的修复，效果如图 4-15 所示（配套资源:\效果文件\第 4 章\糕点 .psd）。

图 4-14　完成后的效果图

图 4-15　设置图层的混合模式

↘ 4.1.3　修复逆光的商品图片

在拍摄商品图片的过程中，除了会出现曝光不足或曝光过度现象外，还会因为光线问题而出现逆光效果。在这种情况下，让逆光的商品图片更加美观是修复的要点。本例将打开"模特 .jpg"素材文件，通过"磁性套索工具、亮度 / 对比度、阴影 / 高光、曲线"命令，对逆光的商品图片进行处理，提高模

微课视频

修复逆光的商品图片

特的对比度，使人物与整个背景更加统一，从而符合网店对商品图片的要求。其具体操作如下。

（1）打开"模特.jpg"素材文件（配套资源:\素材文件\第4章\模特.jpg），按【Ctrl+J】组合键复制图层，如图4-16所示。

（2）在工具箱中选择"磁性套索工具" ，按住鼠标左键沿着人物的轮廓拖曳，直至框选住整个人物。完成框选后，单击鼠标左键即可将路径转换为选区，如图4-17所示。

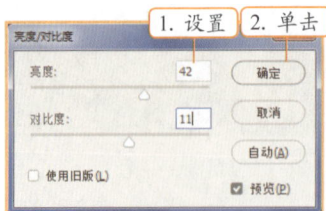

图4-16　打开素材文件并复制图层　　　　图4-17　将路径转换为选区

（3）选择【图像】/【调整】/【亮度／对比度】命令，打开"亮度／对比度"对话框，设置"亮度、对比度"分别为"42、11"，单击 确定 按钮，如图4-18所示。

（4）选择【图像】/【调整】/【阴影／高光】命令，打开"阴影／高光"对话框，设置"阴影、高光"分别为"38、13"，单击 确定 按钮，如图4-19所示。

图4-18　调整"亮度／对比度"　　　　　图4-19　调整"阴影／高光"

（5）选择【滤镜】/【锐化】/【USM锐化】命令，打开"USM锐化"对话框，设置"数量、半径、阈值"分别为"141、5.7、70"，单击 确定 按钮，如图4-20所示。

（6）选择【图像】/【调整】/【曝光度】命令，打开"曝光度"对话框，设置"曝光度、位移、灰度系数矫正"分别为"+0.9、-0.0276、0.82"，单击 确定 按钮，如图4-21所示。

图 4-20　调整"USM 锐化"及其效果

图 4-21　调整"曝光度"

（7）按【Shift+Ctrl+I】组合键反选选区，选择【滤镜】/【模糊】/【高斯模糊】命令，
打开"高斯模糊"对话框，设置"半径"为"2"，单击 确定 按钮。返回图片编
辑区，按【Ctrl+D】组合键取消选区，完成后的效果如图 4-22 所示。

（8）选择【图像】/【调整】/【曲线】命令，打开"曲线"对话框，将鼠标指针移动
到曲线编辑框中的斜线上，单击鼠标左键创建一个控制点并向下拖曳以调整图
片的暗部，在斜线的上方再次单击鼠标左键创建一个控制点并向上拖曳以调整
图片的亮度，完成后单击 确定 按钮，如图 4-23 所示。

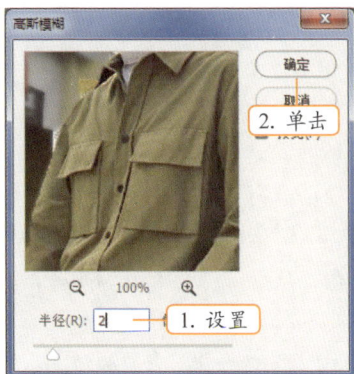

图 4-22　高斯模糊效果

图 4-23　调整"曲线"

（9）返回图片编辑区，可发现人物与背景的对比更加鲜明，如图 4-24 所示。

（10）按【Ctrl+J】组合键复制"图层 1"图层，打开"图层"面板，在"设置图层的
混合模式"下拉列表中选择"滤色"选项，在"不透明度"右侧的数值框中输
入"60%"，完成逆光商品图片的修复，效果如图 4-25 所示（配套资源 :\ 效果
文件 \ 第 4 章 \ 模特 .psd）。

图 4-24　调整"曲线"后的效果

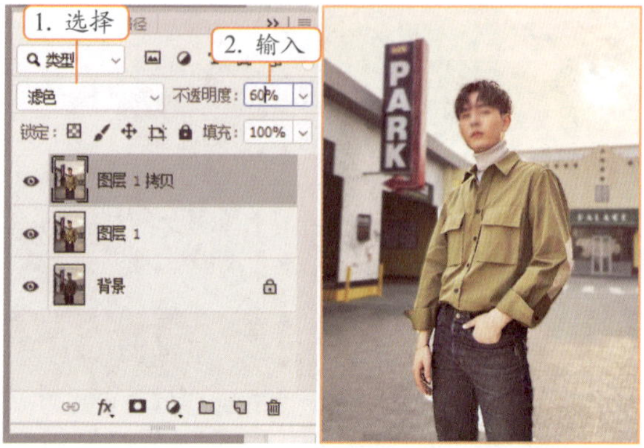

图 4-25　设置图层的混合模式

4.2　调整商品图片的色调

　　由于经营内容不同，商家往往需要对网店的整个色调进行调整。对网店色调进行调整的方法除了可以调整拍摄环境外，还可以调整商品图片的色调，其常见的调整效果有暖色调和冷色调两种。完成色调的调整后，若发现商品图片中存在偏色的问题，还需要通过校正使其恢复商品的本色。

↘ 4.2.1　调出暖色调商品图片

　　以暖色调为主色的网店，如女装店、儿童用品店等，在拍摄商品图片时并不能全部选择暖色调的场景作为拍摄环境。这就需要网店美工在不改变商品本色的情况下，对整个色调进行调整，使其呈现暖色调效果。本例将打开"男装模特.jpg"素材文件进行调整，将冷色调的场景调整为暖色调的场景，从而达到温馨的效果。其具体操作如下。

微课视频

调出暖色调商品图片

（1）打开"男装模特.jpg"素材文件（配套资源:\素材文件\第4章\男装模特.jpg），如图4-26所示。从图中可发现整体色调偏冷，没有暖色调的氛围。

（2）在工具箱中选择"钢笔工具" ，绘制人物轮廓，完成后按【Ctrl+Enter】组合键将形状转换为路径，按【Ctrl+J】组合键复制图层。

（3）打开"图层"面板，在其下方单击"创建新的填充或调整图层"按钮 ，在打开的下拉列表中选择"纯色"选项，如图4-27所示。

（4）打开"拾色器（纯色）"对话框，在下方设置颜色值为"#ffe579"，单击 确定 按钮，如图4-28所示。

（5）打开"图层"面板，设置"颜色填充1"图层的"设置图层的混合模式"为"柔光"，设置后的图片显示效果如图4-29所示。

图 4-26　打开素材文件　　图 4-27　选择"纯色"选项　　图 4-28　设置填充颜色

（6）在"图层"面板的下方再次单击"创建新的填充或调整图层"按钮 ⊘ ，在打开
的下拉列表中选择"照片滤镜"选项，如图 4-30 所示。

（7）打开"照片滤镜"属性面板，单击"颜色"单选按钮，并单击右侧的颜色色块，
打开"拾色器（照片滤镜颜色）"对话框，设置颜色为"#fab113"，单击 确定 按钮。
返回"照片滤镜"属性面板，设置"浓度"为"50"，勾选"保留明度"复选框，
完成后查看设置后的效果，如图 4-31 所示。

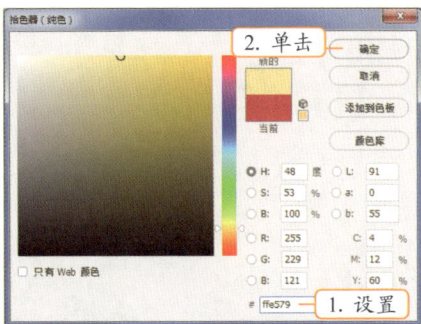

图 4-29　设置图层　　图 4-30　选择　　　图 4-31　设置属性参数
　　　混合模式　　　　"照片滤镜"选项

（8）按【Ctrl+Shift+Alt+E】组合键盖印图层，得到"图层 2"图层，再按【Ctrl+J】
组合键复制"图层 2"图层。打开"图层"面板，设置图层的混合模式为"颜色"，
并设置不透明度为"40%"，如图 4-32 所示。

（9）将"图层 1"图层拖曳到图层最上方，并设置"不透明度"为"90%"。返回图
片编辑区，查看完成后的效果，如图 4-33 所示。最后保存文件（配套资源 :\ 效
果文件 \ 第 4 章 \ 男装模特 .psd）。

图 4-32　设置图层的混合模式　　　　　　　图 4-33　完成后的效果图

盖印图层的技巧

知识补充

　　盖印就是将处理后的效果盖印到新的图层上，在盖印的图层上进行操作不会影响前面的效果。若不想某个图层被盖印，可在盖印前先隐藏该图层，再进行盖印操作。

↘ 4.2.2　调出冷色调商品图片

　　冷色调商品图片主要适用于以冷色调为主色的网店，如家电、数码产品、家居等。网店美工在设计时，要体现出冷色调的安静、沉稳、踏实感。本例将打开"汉服 .jpg"素材文件进行调整，将暖色调的场景调整为冷色调的场景，从而展现出汉服的清冷、高贵。其具体操作如下。

微课视频

调出冷色调商品图片

（1）打开"汉服 .jpg"素材文件（配套资源:\素材文件\第 4 章\汉服 .jpg），如图 4-34
　　　所示。按【Ctrl+J】组合键复制图层。
（2）选择"钢笔工具"　，绘制整个建筑的轮廓，完成后按【Ctrl+Enter】组合键将
　　　形状转换为选区。单击"创建新的填充或调整图层"按钮　，在打开的下拉列
　　　表中选择"色相/饱和度"选项，打开"色相/饱和度"属性面板，在"全图"
　　　下拉列表中选择"红色"选项，设置"色相、饱和度、明度"分别为"−13、
　　　−25、−75"，此时整个图片变暗，如图 4-35 所示。
（3）使用相同的方法在"全图"下拉列表中选择"黄色"选项，设置"色相、饱和度、
　　　明度"分别为"−6、−31、−63"，如图 4-36 所示。
（4）继续使用相同的方法在"全图"下拉列表中选择"青色"选项，设置"色相、饱和度、
　　　明度"分别为"0、−30、−70"，设置后的效果如图 4-37 所示。

图 4-34　打开素材文件

图 4-35　调整"色相/饱和度"

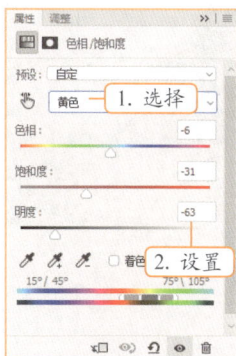

图 4-36　设置"黄色"参数

图 4-37　设置后的效果

（5）再次单击"创建新的填充或调整图层"按钮 ，在打开的下拉列表中选择"曲线"选项，打开"曲线"属性面板，在"通道"下拉列表中选择"蓝"选项，将鼠标指针移动到曲线编辑框中的斜线上，单击鼠标左键创建并拖曳控制点，如图 4-38 所示。

（6）使用相同的方法在"通道"下拉列表中选择"RGB"选项，将鼠标指针移动到曲线编辑框中的斜线上，单击鼠标左键创建并拖曳控制点，设置后的效果如图 4-39 所示。

（7）再次单击"创建新的填充或调整图层"按钮 ，在打开的下拉列表中选择"可选颜色"选项，打开"可选颜色"属性面板，在"颜色"下拉列表中选择"白色"选项，设置"青色、洋红、黄色、黑色"分别为"+7、+1、+2、-15"，如图 4-40 所示。

（8）按【Ctrl+Shift+Alt+E】组合键盖印图层，再按【Ctrl+J】组合键复制盖印的图层。打开"图层"面板，设置"设置图层的混合模式"为"滤色"，并设置"不透明度"为"20%"，完成后保存文件，效果如图 4-41 所示（配套资源:\效果文件\第4章\汉服.psd）。

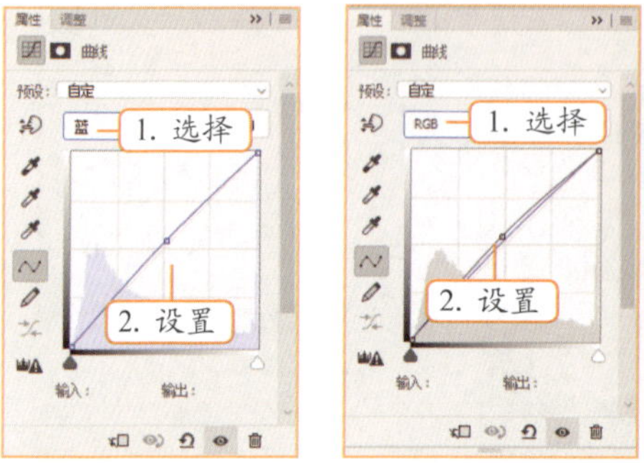

图 4-38 设置"曲线"属性

图 4-39 设置后的效果

图 4-40 设置"可选颜色"参数

图 4-41 完成后的效果图

↘ 4.2.3 校正偏色商品图片

拍摄的商品图片除了会出现曝光不足或曝光过度的情况外，还会出现偏色的情况，此时需要对偏色的商品图片进行校正，使其恢复原本的效果。厨具属于不锈钢制品，因此光线问题拍摄的图片往往会存在反光或偏色的情况。本例将打开"厨具.jpg"素材文件，通过"色彩平衡、曲线"命令对偏色图片进行校正，使其恢复原本的效果。其具体操作如下。

微课视频

校正偏色商品图片

（1）打开"厨具.jpg"素材文件（配套资源:\素材文件\第4章\厨具.jpg），按【Ctrl+J】组合键复制图层，如图4-42所示。

（2）选择【图像】/【调整】/【色彩平衡】命令，打开"色彩平衡"对话框，在"色调平衡"栏中单击"高光"单选按钮，在"色彩平衡"栏中设置"色阶"值分别为"+35、-46、-8"，如图4-43所示。

（3）在"色调平衡"栏中单击"中间调"单选按钮，在"色彩平衡"栏中设置"色阶"值分别为"+31、-4、+18"，单击 确定 按钮，完成后的效果如图4-44所示。

（4）选择【图像】/【调整】/【曲线】命令，打开"曲线"对话框，由于整个画面存在偏红现象，因此在"通道"下拉列表中选择"红"选项。将鼠标指针移动到曲线编辑框中的斜线上，单击鼠标左键创建并拖曳控制点，减少图片中的红色调，如图 4-45 所示。

（5）使用相同的方法在"通道"下拉列表中选择"绿"选项，将鼠标指针移动到曲线编辑框中的斜线上，单击鼠标左键创建并拖曳控制点，调整图片绿色调的对比度，如图 4-46 所示。

图 4-42　打开素材文件并复制图层

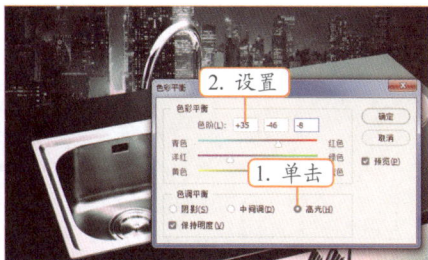

图 4-43　调整"高光"的色彩平衡

图 4-44　调整"中间调"的色彩平衡及其完成后的效果

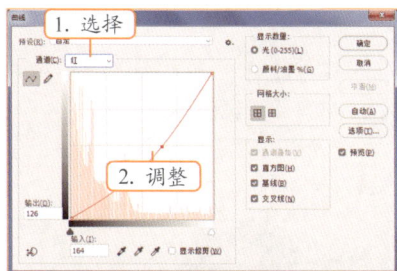

图 4-45　调整"红"曲线

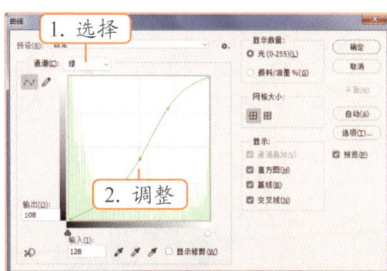

图 4-46　调整"绿"曲线

（6）在"通道"下拉列表中选择"RGB"选项，将鼠标指针移动到曲线编辑框中的斜线上，单击鼠标左键创建并拖曳控制点，调整对比度，完成后单击 确定 按钮，如图 4-47 所示。

（7）返回图片编辑区，查看完成后的效果并保存文件，如图 4-48 所示（配套资源 :\ 效果文件 \ 第 4 章 \ 厨具 .psd）。

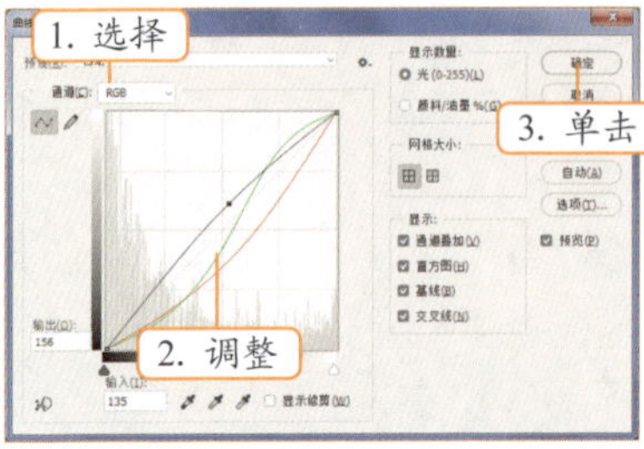

图 4-47　调整"RGB"曲线

图 4-48　完成后的效果图

认识色彩平衡

知识补充

　　色彩平衡是用补色的原理进行调色，其中补色是指一种原色与另外两种原色混合而成的颜色，它们之间互为补色关系，如蓝色与绿色能混合出青色等。在"色彩平衡"对话框中，阴影是画面中最暗的部分，单击"阴影"单选项后，可对图片中的阴影部分进行调整；中间调是图片中相对中和的部分，单击"中间调"单选按钮，可对图片中的中间色调进行调整，从而校正整个图片的主色；而高光则为画面中最亮的部分，单击"高光"单选按钮，可对图片中的高光部分进行调整。

课堂实训

实训1：校正偏色的T恤商品图片

实训目标

　　本实训中的 T 恤在拍摄时光线过亮，造成 T 恤颜色过浅，与实物不符，如图 4-49 所示。此时，需要对 T 恤的偏色部分进行校正，使图片效果更加符合实物，完成后的效果如图 4-50 所示。

图 4-49　原始效果

图 4-50　完成后的效果

实训思路

根据实训目标，需要先调整模特面部的颜色，再调整 T 恤的整个色调。

（1）打开"T恤商品图.jpg"素材文件（配套资源:\素材文件\第4章\T恤商品图.jpg），
发现图片整体色调偏黄，尤其是模特皮肤的颜色最为明显，按【Ctrl+J】组合键
复制图层。

（2）选择【图像】/【调整】/【色相/饱和度】命令，打开"色相/饱和度"对话框，
在"预设"的下拉列表中选择"黄色"选项，在"色相、饱和度"数值框中分
别输入"−15、−15"，补充红色，减少黄色，单击 确定 按钮。返回图片编辑
区，查看调整后的颜色效果，发现图片中模特皮肤发黄的情况有所改善。

（3）选择【图像】/【调整】/【替换颜色】命令，打开"替换颜色"对话框，单击
🖉 按钮，在图片编辑区单击T恤的蓝色条纹以吸取颜色，再单击"选区"单选
按钮，上方的白色区域即为颜色替换的范围。在"颜色容差"数值框中输入
"73"，然后在"替换"栏设置"色相、饱和度、明度"分别为"+6、−43、
−28"，单击 确定 按钮。

（4）选择【图像】/【调整】/【亮度/对比度】命令，打开"亮度/对比度"对话框，设
置"亮度、对比度"分别为"20、15"，单击 确定 按钮。

（5）返回图片编辑区，发现 T 恤比之前鲜亮，更加接近原本的颜色。完成后，按【Ctrl+S】
组合键保存文件（配套资源:\效果文件\第4章\T恤商品图.psd）。

实训2：处理冰糖橙商品图片的色调

实训目标

本实训中的冰糖橙由于是在室内拍摄的，其整个色调显得十分灰暗，不具备吸
引力，如图 4-51 所示。此时，需要对冰糖橙商品的色调进行调整，提升冰糖橙的亮
度和对比度，使整个画面色调变得更亮，从而吸引消费者购买，完成后的效果如图 4-52
所示。

图 4-51　原始效果

图 4-52　完成后的效果

实训思路

根据实训目标，需要先调整亮度，再增加自然饱和度，使整个画面更加美观。

（1）打开"冰糖橙.jpg"素材文件（配套资源:\素材文件\第4章\冰糖橙.jpg）。

（2）选择【图像】/【调整】/【色阶】命令，打开"色阶"对话框，在"高光、暗调、中间调"数值框中分别输入"0、1.20、210"，单击 确定 按钮，发现图片变亮。

（3）选择【图像】/【调整】/【亮度/对比度】命令，打开"亮度/对比度"对话框，在"亮度、对比度"右侧的数值框中分别输入"24、27"，单击 确定 按钮。

（4）选择【图像】/【调整】/【自然饱和度】命令，打开"自然饱和度"对话框，在"自然饱和度、饱和度"下方的数值框中分别输入"0、30"，单击 确定 按钮。

（5）返回图片编辑区，可发现冰糖橙的明暗度有了明显的变化，并且其暗部也有了细节变现，保存文件（配套资源:\效果文件\第4章\冰糖橙.jpg）。

实训3：调整茶叶包装效果

实训目标

本实训中的茶叶包装色调灰暗，轮廓不够清晰，不符合网店对商品图片的要求，如图4-53所示。此时，需要调整茶叶包装的色调，增加细节和轮廓，使整个效果更具展现性和美观度，完成后的效果如图4-54所示。

图4-53　原始效果　　　　　　　　　　　　　图4-54　完成后的效果

实训思路

根据实训目标，对茶叶包装的色调进行调整。

（1）打开"茶叶.jpg"素材文件（配套资源:\素材文件\第4章\茶叶.jpg），发现图片整体色调偏暗，视觉效果不强。打开"图层"面板，按【Ctrl+J】组合键复制图层。

（2）选择【图像】/【调整】/【阴影/高光】命令，打开"阴影/高光"对话框，设置"阴影、高光"分别为"30、20"，单击 确定 按钮。

（3）选择【图像】/【调整】/【亮度 / 对比度】命令，打开"亮度 / 对比度"对话框，在"亮度、对比度"右侧的数值框中分别输入"30、10"，单击 确定 按钮。

（4）打开"图层"面板，在其下方单击"创建新的填充或调整图层"按钮 ◑.，在打开的下拉列表中选择"黑白"选项，打开"黑白"属性面板，设置"红色、黄色、绿色、青色、蓝色和洋红"的值分别为"81、54、7、-66、-90、-160"。

（5）选择"黑白"调整图层，设置"设置图层的混合模式"为"叠加"、"不透明度"为"80%"。

（6）复制"图层 1"图层，选择【滤镜】/【锐化】/【智能锐化】命令，打开"智能锐化"对话框，设置"数量、半径、减少杂色"分别为"21、1、5"，单击 确定 按钮。

（7）返回图片编辑区，查看完成后的效果，最后按【Ctrl+S】组合键保存文件（配套资源 :\ 效果文件 \ 第 4 章 \ 茶叶 .psd）。

课后练习

练习1：调整童装的色调

本练习将对实拍童装图片（配套资料 :\ 素材文件 \ 第 4 章 \ 童装 .jpg）的色调进行调整，并抠取图片更换背景（配套资料 :\ 素材文件 \ 第 4 章 \ 童装背景 .psd），处理后的童装更加粉嫩可爱,充满童趣。调整前后的对比效果如图4-55所示(配套资料 :\ 效果文件 \ 第 4 章 \ 童装 .psd）。

图 4-55　调整前后的对比效果

练习2：美化沐浴露效果

打开"沐浴露 .jpg"素材文件（配套资源 :\ 素材文件 \ 第 4 章 \ 沐浴露 .jpg），首先抠取图片到新的图层，然后调整图片的亮度、对比度、颜色的饱和度。完成后打开"沐浴露背景 .psd"素材文件（配套资源 :\ 素材文件 \ 第 4 章 \ 沐浴露背景 .psd），将抠取的沐浴露图片拖曳到背景中，查看完成后的效果（配套资源 :\ 效果文件 \ 第 4 章 \ 沐浴露 .jpg）。美化前后的对比效果如图 4-56 所示。

其具体要求如下。

- 熟练掌握商品图片色调的调整方法。
- 分别使用"亮度／对比度、自然饱和度"命令对图片进行处理，使整个画面更加美观。

图 4-56　美化前后的对比效果

拓展知识

1. 处理商品图片时需要注意的问题

商品图片是网店装修中必不可少的一部分，因而网店美工不能盲目处理，需要注意以下基础问题。

- **图片的真实度**：对于商品图片，真实性是需要首先考虑的。过度美化往往会造成商品图片失真，从而让消费者产生质疑。因此，网店美工在美化图片时一定要把握分寸。当然，也不是所有图片都不能过度美化。比如处理婚纱摄影类的图片时，就需要在真实的基础上添加梦幻效果，将主题体现得更加完美。
- **图片的色彩搭配**：图片的色彩搭配一定要符合网店的整体风格，这样才不会显得太突兀，从而体现出和谐美。
- **图片创意与主题的契合度**：在对图片进行创意设计时，应注意图片创意与主题的契合度，绝不可天马行空。

2. 使商品图片不失真的技巧

如果网店美工在处理商品图片时不细心，就很容易出现失真现象。因此，在处理商品图片时要注意把控细节。虽然处理后的图片肯定会与实物图片有所差别，但是应该将这种差别控制在一定范围内。若是因为商品图片的像素过低，放大后出现图片失真，可通过调整图片分辨率来解决，分辨率越高，图片越清晰。

CHAPTER

05

制作商品推广图

案例导入

　　"11·11"快到了，小美所在的公司准备对旗下的商品进行推广，以提升公司商品的销量。小美主要负责水果类商品推广图的制作，于是在图库中挑选出符合条件的商品图片进行美化，以便后期制作推广图能更加得心应手。在制作商品推广图前，小美先进行了主图的制作，因为主图效果的好坏直接决定着成交量的多少，然后根据公司的推广计划进行了直通车和钻展推广图的制作，以期获得更好的引流效果。

　　由此可见，网店在推广商品前，要对主图、直通车推广图和钻展推广图进行重点制作，使制作完成的推广图更加吸引消费者，从而提升转化率。

学习目标

* 掌握制作高点击率主图的方法
* 掌握制作更具营销性的直通车推广图的方法
* 掌握制作更具吸引力的钻展推广图的方法

案例展示

主图

直通车推广图

钻展推广图

5.1 制作高点击率的主图

一般来说，在商品搜索结果页、商品详情页顶部和网店首页都会出现商品主图。主图是展示商品信息的第一窗口，也是消费者进入网店的主要入口，其吸引力在一定程度上决定了网店的访客量。清晰度高、细节直观、描述完整的商品主图可以让消费者快速了解商品，并对商品形成直观的印象，产生进入商品详情页深入了解商品的兴趣，为商品带来流量和转化率。

↘ 5.1.1 主图的制作技巧

优质的主图能够提高点击率，达到引流的目的。消费者在浏览主图时速度一般都较快，因此让主图脱颖而出以成功吸引消费者，是制作优质主图的关键。一般来说，制作主图可以从以下 3 个方面着手。

- **卖点清晰有创意:** 所谓"卖点"，就是指商品具备的别出心裁或与众不同的特色、特点，既可以是商品的款式、形状、材质，也可以是商品的价格等。卖点清晰有创意是指主图让消费者一眼就能明白商品的优势与特色。一个主图的卖点不需要太多，但要能够直击要害，采用直接的方式打动消费者。其实许多商品的卖点都是大同小异的，因此优化卖点就会成为吸引消费者眼球的关键。图 5-1 所示为不同商品的卖点和创意的展现效果，左图中通过内容为"太保温 烫哭了！"的文案让商品的保温性卖点得到展现；中图则通过内容为"终身质保"的文案让商品的质保卖点得到展现；而右图则通过内容为"加厚拉丝"的文案让商品的材质卖点得到展现。

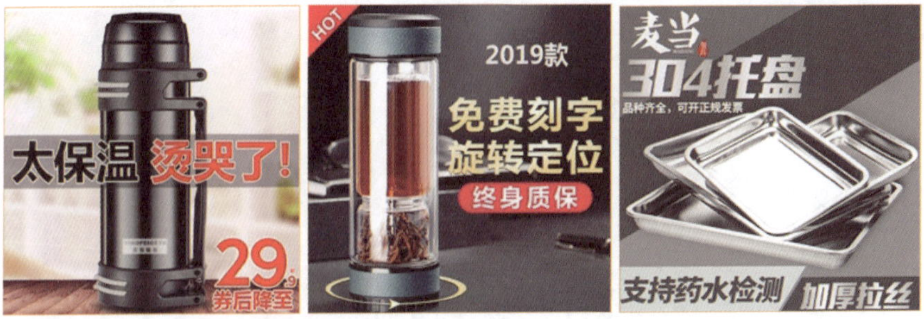

图 5-1　不同商品的卖点和创意的展现效果

- **商品的大小适中:** 商品过大会显得臃肿，而过小则不利于细节的表现，难以突出商品的主体地位。因此大小适中的商品能增强消费者浏览时的视觉舒适感，提升点击率。图 5-2 所示为不同商品大小的展现效果，左图中的电饭煲过大使整个画面显得十分紧凑；而中图中的"数据线"虽然也很大，但其与文字的搭配却比较协调，并且能展现出数据线的细节特征，极大地提高了消费者浏览的直观度，从而将"数据线"柔韧耐用的特点完美地体现了出来；而右图中的陶盘则是直接通过实物图来展现的，其大小适中让整个画面自然、协调。

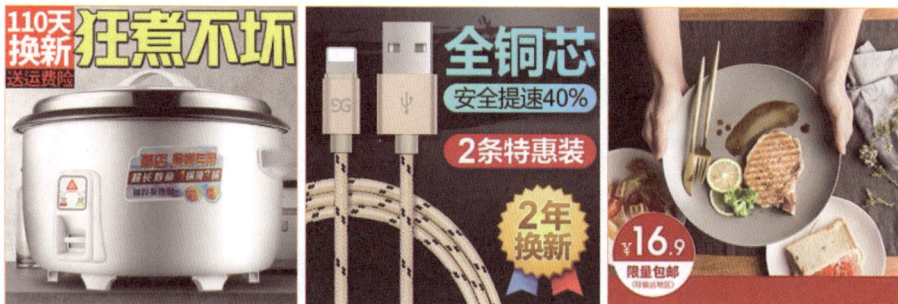

图 5-2　不同商品大小的展现效果

- **宜简不宜繁**：由于消费者搜索主图时浏览速度较快，因此主图传达的信息越简单明确越容易被接受。商品摆放凌乱、商品数量多、文案信息多、背景太杂、水印夸张等都会阻碍信息的传达。图 5-3 所示为不同的手机钢化膜的展现效果，左图和中图的设计简洁大气、唯美清新，少量的文字很好地阐述了其卖点，而右图中文字过多，实物展现效果不突出，难以吸引消费者的注意力。

图 5-3　不同的手机钢化膜的展现效果

↘ 5.1.2　常见的主图类型

在制作主图时，可首先确定主图的类型，然后据此进行设计与制作。常见的主图类型有 3 种，下面分别进行介绍。

- **突出卖点型**：突出卖点型是指将商品的卖点体现在主图上，通过精练的文案、突出的视觉设计使整个主图更有吸引力。图 5-4 所示为 3 张突出卖点型主图，左图和中图通过"无线破壁""真空榨汁 新鲜便携"等文案突出商品的卖点，而右图通过"前 30 分钟半价"等促销性文案展现商品的卖点。

图 5-4 突出卖点型主图

● **情景渲染型：**情景渲染型是指为商品添加渲染背景，以进一步突出商品的功能特点，在视觉上比较大气、美观，可以给人留下直观的印象。这类主图一般适用于户外、家具家装类目，有利于展现较大的场景效果。图 5-5 所示为 3 张情景渲染型主图。

图 5-5 情景渲染型主图

● **细节展示型：**细节展示型是指通过特写、细节的展示来放大商品的特点，比较适合展示材质、食品类目、工艺等有纹理、细节的商品，可以达到提高点击率的目的。图 5-6 所示为细节展示型主图。

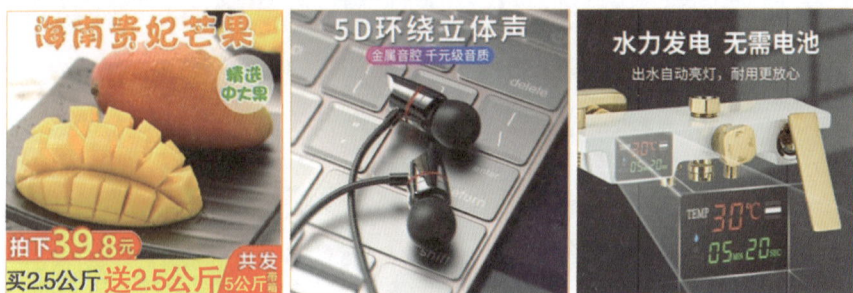

图 5-6 细节展示型主图

↘ 5.1.3 主图制作的要点

在网店主图中，图片场景可以展现商品的真实效果，提升消费者的认知度；背景颜色可以吸引消费者的注意力；促销信息可以提升商品的点击率；商品的附加服务可以提升消费者的购买欲；品牌标识则可以树立网店的品牌形象。下面分别对这些制作要点进行介绍。

- **图片场景：** 在设计图片场景时，选择不同背景的素材，会影响最终的展现效果，从而影响点击率。网店美工在使用不同场景的图片时，要注意与排名相当的竞争对手的主图有所区别。从大量数据调研中可知，通常主图使用生活背景的较多。图 5-7 所示为服装商品图片场景的展现效果。

图 5-7　服装商品图片场景的展现效果

- **背景颜色：** 背景颜色常常是指可以烘托商品的纯色背景。以纯色作背景时，在颜色搭配上比较容易，也会令人印象深刻。图 5-8 所示为纯色背景中商品的展现效果。如果使用过多、过杂的背景颜色，就会使消费者感到眼花缭乱，从而分散其注意力，影响其购买欲望，让主图效果大打折扣。

图 5-8　纯色背景中商品的展现效果

- **促销信息：** 普通消费者都比较喜欢促销类商品，所以制作主图时可加入促销信息以提高商品的点击率。促销文案会让人产生紧迫感，需要注意的是，促销信息要尽量简短清晰、字体统一，并保持在 10 个字以内，避免出现促销信息混乱、喧宾夺主等情况，如图 5-9 所示。

- **商品的附加服务：** 目前电商行业同质化现象越来越严重，竞争也越来越激烈，那么在主图中体现优势就变得更加关键。此时可在主图中展现商品的附加服务，如无条件退换货、不满意包退等，与竞争对手形成差异，以留住消费者，从而促进销售，如图 5-10 所示。

图 5-9　添加促销信息

图 5-10　添加商品的附加服务

● **品牌标识**：通过在主图中添加品牌标识，可树立品牌形象，加深品牌在消费者心中的印象，从而降低主图被盗用的风险。图 5-11 所示为在左上角添加品牌标识的主图，体现了品牌形象。

图 5-11　添加品牌标识的主图

↘ 5.1.4　制作牛油果主图

本例将制作牛油果主图，该主图属于突出卖点型，通过满减的形式展现商品的促销内容，背景颜色则选择纯色，使整个画面不但美观，并且具有促销性。其具体操作如下。

（1）选择【文件】/【新建】命令，打开"新建"对话框，在"预

微课视频

制作牛油果主图

设详细信息"下的名称框中输入"牛油果主图"，设置"宽度、高度、分辨率"
分别为"800、800、72"，单击 创建 按钮，如图5-12所示。

（2）返回图片编辑区，设置"前景色"为"#82a946"，按【Ctrl+Delete】组合键填
充前景色，如图5-13所示。

图 5-12　新建文件　　　　　　　　　　　图 5-13　设置"前景色"

（3）在工具箱中选择"椭圆工具" ⬭ ，在工具属性栏中设置"填充"为"#e3f5c7"，
在图片编辑区绘制"160 像素 ×160 像素""600 像素 ×600 像素"的两个椭圆，
效果如图 5-14 所示。

（4）选择大圆所在图层，按【Ctrl+J】组合键复制图层。再次选择"椭圆工具"
⬭ ，在工具属性栏中设置"填充"为"无颜色"、"描边"为"#e3f5c7、25 点"，
再设置"宽度、高度"分别为"690 像素、690 像素"，效果如图 5-15 所示。

（5）选择"自定形状工具" ⚐ ，在工具属性栏中单击"填充"右侧的下拉按钮，
在打开的下拉列表中单击"渐变"按钮 ▣ ，设置"渐变颜色"为"#b6d08e ～
#f4fce7"，如图 5-16 所示。

图 5-14　绘制椭圆　　　　　图 5-15　复制并设置描边　　　　图 5-16　设置"渐变颜色"

（6）单击"形状"右侧的下拉按钮，在打开的下拉列表中选择"艺术效果 10"选项，
返回图片编辑区，在圆的左上角绘制所选择的形状，效果如图 5-17 所示。

（7）打开"牛油果 .jpg"素材文件（配套资源 :\ 素材文件 \ 第 5 章 \ 牛油果 .jpg），选择"钢

笔工具" ![钢笔工具图标] ，抠取整个牛油果形状并拖曳到圆中，完成后的效果如图 5-18 所示。

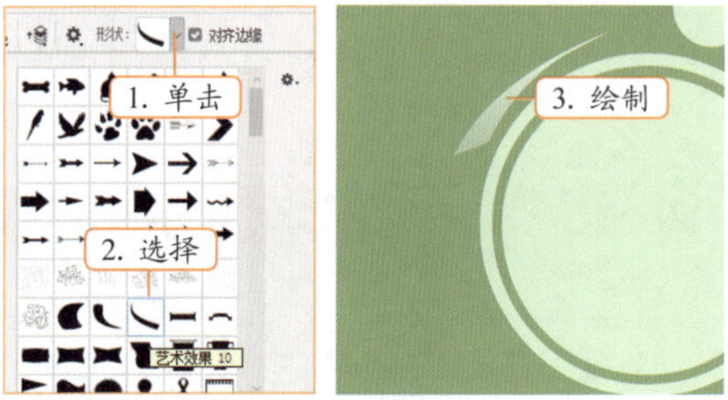

图 5-17　绘制形状效果

图 5-18　添加牛油果素材文件的效果

（8）双击牛油果所在图层，打开"图层样式"对话框，勾选"投影"复选框，在右侧的面板中设置"角度、距离、扩展、大小"分别为"102、20、2、35"，单击 ![确定按钮] 按钮，效果如图 5-19 所示。

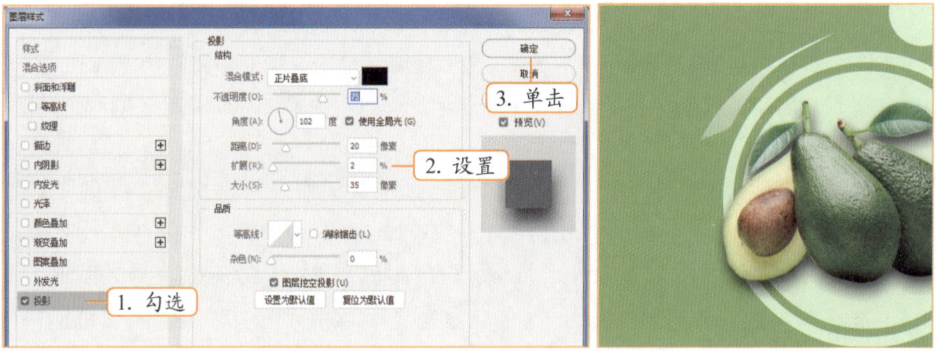

图 5-19　添加投影效果

（9）新建图层，选择"钢笔工具" ![钢笔工具图标] ，在左上角绘制图 5-20 所示的形状，按【Ctrl+Enter】组合键将路径转换为选区，并填充颜色为"#c00323"。

（10）再次新建图层，选择"钢笔工具" ![钢笔工具图标] ，在左上角的图层上方绘制图 5-21 所示的形状，按【Ctrl+Enter】组合键将路径转换为选区，并填充颜色为"#f30b32"。

（11）选择"横排文字工具" ![文字工具图标] ，在形状内输入"农家果园"文字，再在工具属性栏中设置"字体"为"汉仪橄榄体简"，"字体大小"为"60 点"，效果如图 5-22所示。

（12）选择"横排文字工具" ![文字工具图标] ，在工具属性栏中设置"字体"为"汉仪中圆简"，"字体大小"为"35 点"。

（13）在右侧的形状上单击确定输入点，在其上输入"新鲜·美味·更够味"文字，完成后选择文字向上拖曳以调整文字位置，效果如图 5-23 所示。

图 5-20　绘制形状　　　　图 5-21　绘制其他形状　　　　图 5-22　输入并设置文字

图 5-23　输入并调整文字

（14）选择"直排文字工具" ↓T.，在工具属性栏中设置"字体"为"汉真广标"，"字
　　　体大小"为"100 点"，"文本颜色"为"#ffffff"，在图片的左侧输入"新鲜""牛
　　　油果"文字，效果如图 5-24 所示。

（15）选择"直线工具" ╱ ，在"新鲜"文字的两侧绘制两条斜线，并设置"填充"
　　　为"#ffffff"，效果如图 5-25 所示。

（16）选择"矩形工具" ▢ ，在工具属性栏中设置"填充"为"#7ea341"，"描边"
　　　为"#aad26c、10 点"，在图片的下方绘制"850 像素 ×270 像素"的矩形，效
　　　果如图 5-26 所示。

图 5-24　输入文字　　　　　　图 5-25　绘制斜线

（17）选择"椭圆工具" ⬭ ，在工具属性栏中设置"填充"为"#ffffff"，"描边"为"#aad26c、10点"，在图片的下方绘制"260像素 ×260像素"的正圆，效果如图5-27所示。

图5-26　绘制矩形　　　　　　　　图5-27　绘制正圆

（18）选择"横排文字工具" T ，在工具属性栏中设置"字体、字体大小、文本颜色"分别为"汉仪中圆简、75点、#ffffff"，在矩形内输入"领券满199减30"文字，效果如图5-28所示。

（19）选择"横排文字工具" T ，在工具属性栏中设置"字体、字体大小、文本颜色"分别为"汉仪超粗黑简、35点、#54702a"，在圆内输入"活动价"文字。

（20）选择"直线工具" ╱ ，在"活动价"文字的下方绘制一条直线，并设置"填充"为"#54702a"，效果如图5-29所示。

图5-28　输入文字　　　　　　　　图5-29　输入文字并绘制直线

（21）选择"横排文字工具" T ，在直线的下方输入数字"39"，在工具属性栏中设置"字体、字体大小、文本颜色"分别为"汉仪超粗黑简、120点、#f30b32"。

（22）在"39"的左侧输入"¥"，并设置"字体、字体大小、文本颜色"分别为"Eras Demi ITC、60点、#54702a"，效果如图5-30所示。

（23）选择"圆角矩形工具" ⬭ ，在"39"的下方绘制"160像素 ×30像素"的圆角矩形，并设置"填充"为"#f30b32"。

（24）选择"横排文字工具" **T.**，在圆角矩形内输入"点击抢购 >"，在工具属性栏中设置"字体、字体大小、文本颜色"分别为"汉仪综艺体简、23 点、#ffffff"。

（25）按【Ctrl+S】组合键保存文件，完成后的效果如图 5-31 所示（配套资源 :\ 效果文件 \ 第 5 章 \ 牛油果主图 .psd）。

图 5-30　输入文字　　　　　　　　图 5-31　完成后的效果图

主图的制作技巧

知识补充

在制作主图时，对于不同类型的商品要求也是不同的。对于服装类商品来说，制作主图时不宜添加过多的文字内容，通常选择一张好看的模特图片，再加上简单的 Logo 即可；对于家电类商品来说，制作主图时应提取卖点，并直接在主图中展示以吸引消费者查看；而对于鞋包类商品来说，则应将主图分为两部分，一部分用于展示模特，另一部分则用于展示细节，文字内容相对较少。

5.2　制作更具营销性的直通车推广图

直通车推广图与主图的制作方法类似，作用却不尽相同。主图主要用于展示商品信息，因此要突出卖点。而直通车是淘宝为商家量身定制的一种推广方式，是淘宝商家进行宣传与推广的重要手段。直通车是按用户点击次数付费的，因此要凸显创意。下面对直通车推广图的相关知识进行介绍，以帮助商家制作出更具营销性的直通车推广图。

↘ 5.2.1　什么是直通车

直通车是阿里妈妈旗下的一个营销平台，也是淘宝的一种付费推广方式。淘宝商家通过设置关键词来推广商品，根据消费者搜索的关键词在直通车展示位展示相关商品。当消费者单击展示位的商品进入商品详情页或网店后，将产生一次流量；当消费者通过该次单击继续查看网店其他商品时，则将产生多次跳转流量，从而形成以点带面的关联效应。直通车可以多维度、全方位地提供各类报表以及信息，从而快速、便捷地进行批量操作。商家可以根据自身的实际需要，按时间和地域来控制推广费用，精准定位目标消费群体，降低推广成本，提高网店的整体曝光度和点击流量，最终达到提升销售额的目的。图 5-32 所示为搜索结果页中直通车的展示位置和展现效果。

图 5-32　直通车的展示位置和展现效果

↘ 5.2.2　直通车推广图的制作原则

为了提高直通车的点击率，商家会通过不同的卖点、不同的设计形式制作多张直通车图片并依次测试，最终选择点击率与转换率最优的直通车图片进行推广。一般情况下，制作直通车推广图应遵循以下 3 个原则。

- 主题卖点简洁精确：主题卖点要紧扣消费者诉求，表述简洁明了、直接精确。为了便于消费者接受，标题应尽量控制在 6 个字以内，图 5-33 所示的 3 张直通车推广图就是通过"全面屏轻薄本""提亮肤色 深层舒缓补水""愈肤专家"等标题文字体现各自的主题卖点的。

图 5-33　简单的标题文字突出主题卖点

● **构图合理**：直通车推广图的构图方式有很多，包括中心构图、左右构图、三角构图、斜角构图、黄金比例构图等。但总体上应符合消费者从左至右、从上至下、先中间后两边的视觉习惯，图文搭配比例要恰当，颜色搭配需和谐。图中文字的排列方式、行距、字体颜色、样式等要整齐统一，并通过改变字体大小或者颜色来清晰地体现信息的主次关系。图5-34所示为左右构图，左侧为文字，右侧为图片，将文字和图片都很好地展现了出来。

图5-34 左右构图

● **具有吸引力**：使用独特的拍摄手法、夸张的文案等方式增强图片吸引力，从而快速吸引消费者。图5-35所示的文案就极具吸引力。需要注意的是，若商品的款式吸引力强，就应该充分全面地展示款式，而不需要烦琐的文案。背景大量留白，色彩单一反而更能体现商品的品质，进而吸引消费者的注意力。

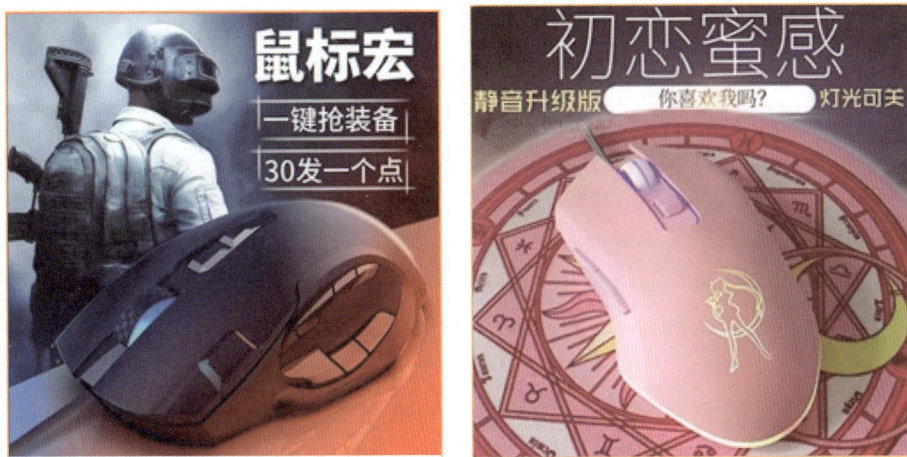

图5-35 具有吸引力的文案

↘ 5.2.3 制作柠檬直通车推广图

微课视频

制作柠檬直通车
推广图

本例将制作一个以"促销活动"为主题的柠檬直通车推广图，注重的是对促销信息的描述，要在图片中尽量表现促销活动的吸引力（即各种促销手段）、体现促销的主题、表明促销活动的时间等信息。首先制作炫彩的背景，其次添加促销信息以及商品说明，完成后的效果不但色彩对比明显，而且十分美观。其具体操作如下。

（1）选择【文件】/【新建】命令，打开"新建文档"对话框，在"预设详细信息"下的名称框中输入"柠檬直通车推广图"，设置"宽度、高度、分辨率"分别为"800、800、72"，单击 创建 按钮，如图5-36所示。

（2）返回图片编辑区，设置"前景色"为"#f09802"，按【Ctrl+Delete】组合键填充前景色，如图5-37所示。

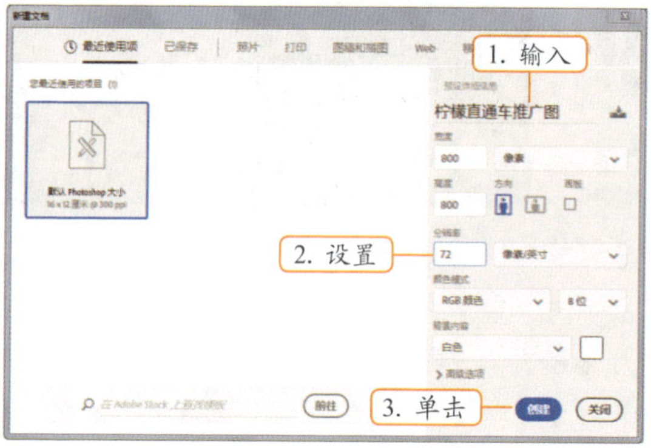

图5-36 新建文件

图5-37 设置"前景色"

（3）选择"矩形工具" ⬜，在工具属性栏中设置"填充"为"#ffffff"，在图片的下方绘制"790像素×790像素"的矩形，如图5-38所示。

（4）按【Ctrl+T】组合键，使图形呈自由变换状态，将鼠标指针移动到矩形的右上角，当鼠标指针呈 ↰ 状态时，向下拖曳旋转矩形，使矩形倾斜显示，如图5-39所示。

（5）打开"图层"面板，选择绘制的矩形，设置"不透明度"为"40%"，效果如图5-40所示。

（6）选择"矩形工具" ⬜，在工具属性栏中设置"填充"为"#f07d02"，在图片的下方绘制"770像素×770像素"的矩形，按【Ctrl+T】组合键，使矩形呈自由变换状态，然后进行旋转操作，完成后效果的如图5-41所示。

（7）再次选择"矩形工具" ⬜，在工具属性栏中设置"填充"为"#ffffff"，在图片的下方绘制"830像素×830像素"的矩形，按【Ctrl+T】组合键，使矩形呈自由变换状态，然后进行旋转操作，完成后的效果如图5-42所示。

图 5-38 绘制矩形　　　　图 5-39 调整矩形　　　　图 5-40 设置"不透明度"

（8）打开"柠檬 .psd"素材文件（配套资源 :\素材文件 \第 5 章 \柠檬 .psd），将其
　　　拖曳到白色矩形的左侧，调整图片大小和位置，效果如图 5-43 所示。

图 5-41 绘制橙色矩形　　　　图 5-42 绘制白色矩形　　　　图 5-43 添加素材到矩形中

（9）打开"图层"面板，选择"柠檬"所在图层，在其上单击鼠标右键，在弹出的
　　　快捷菜单中选择"创建剪贴蒙版"命令，可发现柠檬素材已被置入矩形中，效
　　　果如图 5-44 所示。

（10）选择"自定形状工具" ，在工具属性栏中设置"填充"为"#e60012"，单击"形
　　　 状"右侧的下拉按钮，在打开的下拉列表中选择"封印"选项，如图 5-45 所示。

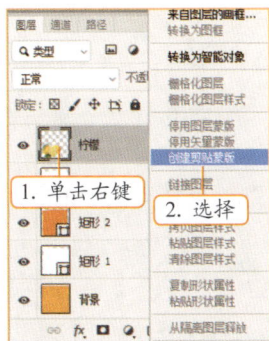

图 5-44 置入柠檬素材　　　　图 5-45 选择形状

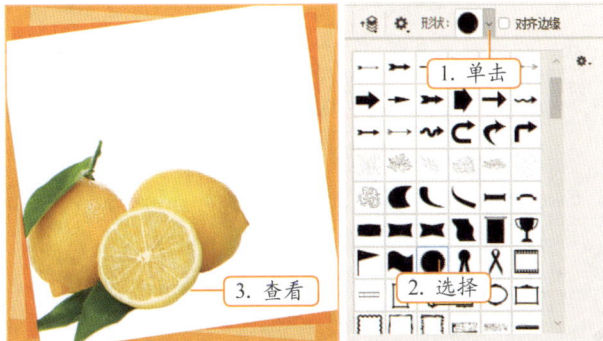

（11）返回图片编辑区，在白色矩形的左上角绘制所选择的形状，效果如图 5-46 所示。

（12）选择"横排文字工具" **T.**，在直线的下方输入"爆"文字，在工具属性栏中设置"字体、字体大小、文本颜色"分别为"汉仪细中圆简、105点、#fff799"，完成后按【Ctrl+T】组合键，使文字倾斜显示，效果如图5-47所示。

图5-46 绘制形状

图5-47 输入文字

（13）选择"横排文字工具" **T.**，在直线的下方输入"安岳柠檬""新鲜采摘 口感香甜"，在工具属性栏中设置"字体、文本颜色"分别为"汉仪蝶语体简、#f07d02"，调整文字大小，完成后按【Ctrl+T】组合键，使文字倾斜显示，效果如图5-48所示。

（14）选择"圆角矩形工具" **◻.**，在工具属性栏中设置"填充"为"#f07d02"，在图片的下方绘制"310像素×440像素"的圆角矩形，按【Ctrl+T】组合键，使矩形呈自由变换状态，然后进行旋转操作，效果如图5-49所示。

图5-48 输入其他文字

图5-49 绘制圆角矩形

（15）选择"椭圆工具" **◯.**，在工具属性栏中设置"填充"为"#ffffff"，在圆角矩形的左上方绘制"9像素×9像素"的椭圆，效果如图5-50所示。

（16）按3次【Ctrl+J】组合键复制椭圆，并依次拖曳到圆角矩形的4个角，效果如图5-51所示。

（17）选择"横排文字工具" **T.**，在直线的下方输入"0点开抢"文字，在工具属性栏中设置"字体、字体大小、文本颜色"分别为"汉仪方叠体简、55点、#ffffff"，完成后按【Ctrl+T】组合键，使文字倾斜显示，效果如图5-52所示。

图 5-50　绘制椭圆

图 5-51　复制椭圆

（18）选择"圆角矩形工具" ▢，在工具属性栏中设置"填充"为"#ffffff"，在图片的下方绘制"120 像素 ×35 像素"的圆角矩形，按【Ctrl+T】组合键，使圆角矩形呈自由变换状态，然后进行旋转操作。

（19）选择"横排文字工具" T，在刚绘制的圆角矩形上方输入"2.5 公斤装 / 包邮"文字，在工具属性栏中设置"字体、字体大小、文本颜色"分别为"汉仪方叠体简、22 点、#f07d02"，完成后按【Ctrl+T】组合键，使文字倾斜显示，效果如图 5-53 所示。

图 5-52　输入"0 点开抢"文字

图 5-53　绘制圆角矩形并输入文字

（20）选择"直线工具" ╱，在步骤（18）绘制的圆角矩形的左右两侧绘制两条斜线，并设置"填充"为"#ffffff"，效果如图 5-54 所示。

（21）选择"矩形工具" ▢，在工具属性栏中设置"填充"为"#ffffff"，在图片的下方绘制"230 像素 ×145 像素"的矩形，按【Ctrl+T】组合键，使矩形呈自由变换状态，然后进行旋转操作，效果如图 5-55 所示。

（22）打开"图层"面板，单击"添加图层蒙版"按钮 ▢，为矩形添加图层蒙版，设置"前景色"为"#000000"，选择"多边形套索工具" ▷，沿着矩形的左上角拖曳，绘制三角形选区，如图 5-56所示。

（23）再次沿着矩形的右下角拖曳，绘制三角形选区，按【Ctrl+Delete】组合键填充选区，此时可发现绘制区域中的颜色被隐藏，效果如图5-57所示。

图 5-54　绘制斜线

图 5-55　绘制矩形

图 5-56　使用多边形套索工具绘制选区

图 5-57　填充选区

（24）选择"横排文字工具" **T.**，在矩形中输入"领券抵 5 元　7 折起"文字，在工具属性栏中设置"字体"为"汉仪方叠体简"，设置"文本颜色"分别为"#313131、#f07d02"，并调整字体大小，完成后按【Ctrl+T】组合键，使文字倾斜显示，效果如图 5-58 所示。

（25）选择"横排文字工具" **T.**，在矩形中输入"低至 9.9"文字，在工具属性栏中设置"字体、字体大小、文本颜色"分别为"汉仪润圆、32 点、#ffffff"，完成后按【Ctrl+T】组合键，使文字倾斜显示，按【Ctrl+S】组合键保存文件。完成后的效果图如图 5-59 所示（配套资源 :\ 效果文件 \ 第 5 章 \ 柠檬直通车推广图 .psd）。

图 5-58　输入文字

图 5-59　完成后的效果图

5.3　制作更具吸引力的钻展图

钻展（全称为钻石展位）是面向淘宝网全网精准流量实时竞价的展示推广平台，支持按展现收费和点击收费，以精准定向为核心，为商家提供精准定向、创意策略、效果监测、数据分析等一站式全网推广投放解决方案，帮助商家实现更高效、更精准的全网营销。

钻展图主要依靠图片创意吸引消费者点击并获取巨大流量，因此一张好的钻展图对于商家来说至关重要。下面对钻展图的位置及尺寸、钻展图的制作标准、钻展图的排版方式分别进行介绍。

↘ 5.3.1　钻展图的位置及尺寸

和直通车不同，钻展的位置众多且尺寸各异，如淘宝网、天猫商城首页、各大视频网站、淘宝移动 App 端以及淘宝网站外平台（如新浪微博、腾讯、优酷）等各大优势媒体都有钻展的位置。不同位置对应的钻展图尺寸、消费人群、消费特征和兴趣也各有不同。因此在制作钻展图时，要根据位置、尺寸等信息调整广告诉求，并采取恰当的表达方式进行展示。下面对钻展图常见的位置及尺寸进行介绍。

- **淘宝首页焦点图**：淘宝首页焦点图位于淘宝首页的上方，是进入淘宝网的视觉中心。其标准尺寸为"520 像素 ×280 像素"，由于尺寸较大，能够完全展示商品与文案，因此收费最高，如图 5-60 所示。
- **淘宝首页焦点图右侧 banner**：该板块位于首页焦点图下方右侧的"今日热卖"区域。其标准尺寸为"160 像素 ×200 像素"，位于首页一屏的黄金位置，流量充足，价格适中，点击率高。由于尺寸较小，这个位置的钻展图主要是对商品进行展示，因而应文本精简，且字号较大，如图 5-61 所示。

图 5-60　淘宝首页焦点图

图 5-61　淘宝首页焦点图右侧 banner

● **淘宝首页 2 屏右侧大图**：位于淘宝首页"时尚爆料王"栏的右侧大图，是商品促销和网店广告的首选。其标准尺寸为"300 像素 ×250 像素"，由于高度低，所以无法完全展示商品，只能展示部分细节，多用于商品的推广，如图 5-62所示。

图 5-62　淘宝首页 2 屏右侧大图

● **淘宝首页 3 屏通栏 banner**：淘宝首页 3 屏通栏 banner 位于"热卖单品"栏的下方。其标准尺寸为"375 像素 ×130 像素"，流量充足，价格适中，回报较高，在设计时注意要使图片和文字相结合，并且文字要醒目，如图 5-63 所示。

图 5-63　淘宝首页 3 屏通栏 banner

↘ 5.3.2　钻展图的制作标准

钻展图的位置和尺寸虽然丰富，但制作标准是一致的。下面对钻展图的制作标准进行详细介绍。

● **主体突出**：钻展图的主体不一定都是商品图片，也可以是创意方案或消费者诉求。而只有突出主体，才能够吸引更多消费者点击。图 5-64 所示的钻展图为通过"2018 潮流新款""就是这款冰箱"文案来突出主体，并分别在钻展图左侧和右侧对主体商品进行展现，从而更加吸引消费者的注意力。

图 5-64　主体突出的钻展图

● **目标明确**：钻展投放的目标很多，比如通过钻展上新、通过钻展引流、通过钻展预热大型活动，以及通过钻展进行品牌形象的宣传等。因此在钻展图的制作中，首先需要明确自己的营销目标，然后针对目标进行素材的选择和设计，这样才能保证点击率与转化率。图 5-65 所示的钻展图中的左图，通过"别抢了"文案和抢的手势动作营造抢的氛围，突显商品的热销度；而右图通过"厨电热水抢先惠"和"立即下单抢 5 折"等文案，将 6 月的活动和折扣明确地展现出来。

图 5-65　目标明确的钻展图

● **形式美观**：美的东西总是令人无法抗拒，形式美观的钻展图同样能获取消费者的好感，进而提高点击率。当选择好素材、规划好创意后，适当美化钻展图尤为重要。图 5-66 所示的钻展图通过唯美的模特来增强画面的吸引力，也是一种常见的设计方法。

图 5-66　形式美观的钻展图

↘ 5.3.3　钻展图的排版方式

　　钻展图是有结构和层次的，不同的布局将呈现不同的视觉焦点。若视觉焦点不统一或布局不理想，很容易造成信息错乱，让消费者忽视重点。钻展图的常用布局方式主要有以下 8 种。

- **两栏式**：图片文案分两栏排列，即左文右图或左图右文。中心主体一般占整个画面的 70%，在文案排版上往往通过大小对比与色彩对比来突显层次。
- **三栏式**：中间文字，两边图片以不同大小位置摆放，或是两边文字中间图片，使其形成空间感，适合多个商品或者多色彩的展示。
- **上下式**：上文下图或上图下文，主要用于多系列商品的促销活动，通常适合尺寸较小且呈正方形显示的展位。
- **正反三角形构图**：三角形构图的立体感强、空间感强、安全感强，形式上稳定可靠。
- **垂直构图**：垂直构图的特点是在画面中平均分布各个商品，由于所占比重相同，秩序感强，更适合多个商品、多色系或多个角度的展示。
- **斜切式构图**：斜切式构图能让整个画面富有张力，并让主体和需要表达的内容更醒目，通常需要对文字与商品透视对齐。
- **渐次式构图**：渐次式构图是指对多个商品进行渐次式排列，由远及近，由大及小，构图稳定，空间层次更加丰富，给消费者以更为自然舒适的感觉。
- **放射性构图**：放射性构图由一个视觉中心点放射出来，具有极强的透视感，特别适用于大型促销活动的钻展图。

↘ 5.3.4　制作水果钻展图

　　进入淘宝千牛卖家工作台，在"我要推广"页面开通钻展后推广，选择展位，然后根据展位的尺寸进行钻展图的制作。本节将以两种不同的水果为例，制作常见尺寸的钻展图，包括"520 像素 ×280 像素"和"160 像素 ×200 像素"两种尺寸。

微课视频

制作"520 像素 ×
280 像素"钻展图

1. 制作"520 像素 ×280 像素"钻展图

　　本例将制作一个以"苹果成熟"为主题的"520 像素 ×280 像素"钻展图，注重的是对空间性和主体效果的展现，通过对主色调的调整，让整个画面更加和谐。在制作时采用正三角形构图方式，左侧为文字说明，右侧为苹果展现，整体采用红色为主色调，以渲染促销氛围。其具体操作如下。

（1）选择【文件】/【新建】命令，打开"新建文档"对话框，设置"名称、宽度、高度、分辨率"分别为"苹果 520 像素 ×280 像素钻展图、520、280、72"，单击 **创建** 按钮，如图 5-67 所示。

（2）返回图片编辑区，设置"前景色"为"#fa8e94"，按【Ctrl+Delete】组合键填充前景色，如图 5-68 所示。

图 5-67 新建文件

图 5-68 设置"前景色"

（3）打开"图层"面板，单击"创建新图层"按钮 ，选择"钢笔工具" ，在左上角绘制图 5-69 所示的形状，按【Ctrl+Enter】组合键将路径转换为选区，并填充颜色为"#ffb1b5"。

（4）再次新建图层，选择"钢笔工具" ，在右上角绘制图 5-70 所示的形状，按【Ctrl+Enter】组合键将路径转换为选区，并填充颜色为"#f08389"，此时可发现整个背景呈立体显示。

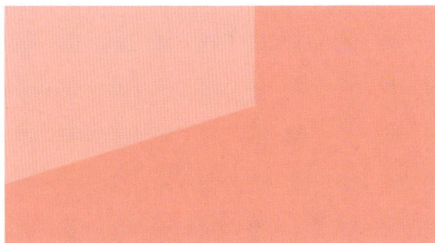

图 5-69 绘制左侧形状

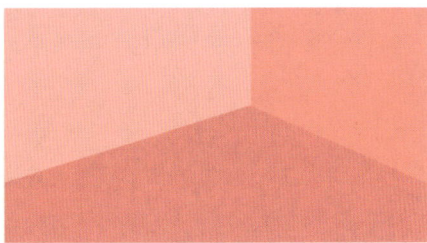

图 5-70 绘制地面形状

（5）新建图层，选择"渐变工具" ，在工具属性栏中单击"点按可编辑渐变"按钮 ，打开"渐变编辑器"对话框，在"预设"栏中选择"前景色到透明渐变"选项，并在下方的渐变条中单击第一个渐变条，设置渐变颜色为"#ea6f76"，单击 确定 按钮，如图 5-71 所示。

（6）返回图片编辑区，单击"径向渐变"按钮 ，从上往下拖曳以调整渐变大小和位置，效果如图 5-72 所示。

（7）选择"图层 3"图层，在其上单击鼠标右键，在弹出的快捷菜单中选择"创建剪贴蒙版"命令，创建剪贴蒙版，如图 5-73 所示。

（8）使用相同的方法，在"图层 1"图层上方再次新建图层，并使用"渐变工具" 在图层上方创建颜色为"#ea6f76"的渐变，完成后按【Ctrl+Alt+G】组合键创建剪贴蒙版，效果如图 5-74 所示。

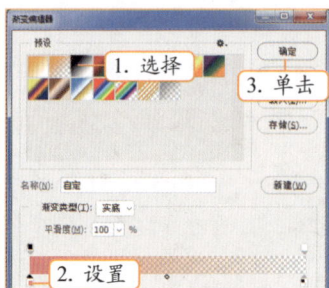

图 5-71　设置渐变颜色

图 5-72　调整渐变

图 5-73　创建剪贴蒙版

（9）再次新建图层，选择"钢笔工具" ，绘制图 5-75 所示的形状，按【Ctrl+Enter】组合键将路径转换为选区，并填充颜色为"#ff7081"。

图 5-74　创建渐变颜色

图 5-75　绘制形状

（10）在工具箱中选择"椭圆工具" ，在工具属性栏中设置"填充"为"#ffe3e6"，在图片编辑区绘制"554 像素 ×124 像素""190×105 像素"的两个椭圆，效果如图 5-76 所示。

（11）打开"红色素材 .psd"素材文件（配套资源 :\素材文件 \第 5 章 \红色素材 .psd），将其拖曳到所绘制形状的上方，再按【Ctrl+Alt+G】组合键创建剪贴蒙版，效果如图 5-77 所示。

（12）双击绘制的图层，打开"图层样式"对话框，勾选"投影"复选框，在右侧的面板中设置"颜色、角度、距离、扩展、大小"分别为"#5d1a23、137、8、50、9"，单击 确定 按钮，如图 5-78 所示。

图 5-76　绘制椭圆

图 5-77　添加红色素材效果

（13）使用相同的方法，为另一个形状添加投影，效果如图5-79所示。

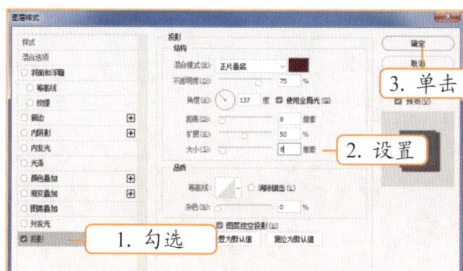

图 5-78　设置"投影"参数

图 5-79　添加投影效果

（14）选择"椭圆工具"　，在工具属性栏中设置"填充"为"#454545"，在图片编辑区绘制"26 像素 ×26 像素"的椭圆，如图 5-80 所示。

（15）双击绘制的椭圆图层，打开"图层样式"对话框，勾选"渐变叠加"复选框，设置"渐变"为"#ffd89b ～ #ffffed"，单击　确定　按钮，如图 5-81 所示。

图 5-80　绘制椭圆

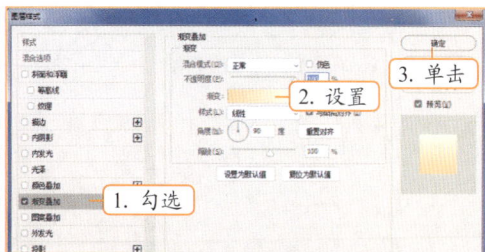

图 5-81　设置"渐变叠加"参数

（16）按 3 次【Ctrl+J】组合键复制椭圆图层，分别选择对应的圆，按【Ctrl+T】组合键调整椭圆大小并将其移动到图 5-82 所示位置。

（17）打开"图层"面板，单击"创建新的填充或调整图层"按钮　，在打开的下拉列表中选择"色阶"选项，打开"色阶"属性面板，设置"色阶"值分别为"49、0.53、223"，如图 5-83 所示。

图 5-82　复制椭圆并调整大小及位置

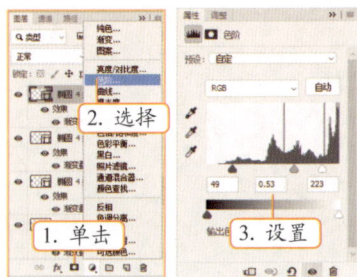

图 5-83　设置色阶值

（18）返回图片编辑区，此时可发现整个图片的颜色变得更深、更加艳丽，完成后的效果如图 5-84 所示。

（19）打开"苹果.psd"素材文件（配套资源:\素材文件\第 5 章\苹果.psd），将其拖曳到椭圆形状的上方，调整大小和位置，如图 5-85 所示。

图 5-84　完成后的效果

图 5-85　添加苹果素材

（20）新建图层并移动到苹果图层的下方，设置"前景色"为"#4a1108"，选择"画笔工具" ，在工具属性栏中设置"大小、笔刷"分别为"30 像素、柔边圆"，然后在苹果的下方拖曳，为苹果添加投影，如图 5-86 所示。

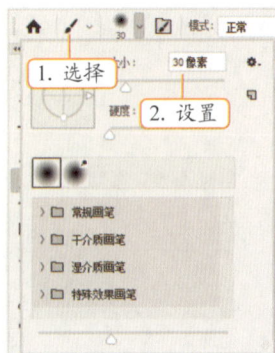

图 5-86　为苹果添加投影效果

（21）再次打开"苹果.psd"素材文件，将其中的圆形组拖曳到图片中，调整大小和位置，效果如图 5-87 所示。

（22）新建图层，选择"钢笔工具" ，在左上角绘制图 5-88 所示的形状，按【Ctrl+Enter】组合键将路径转换为选区，并填充颜色为"#ff3843"。

图 5-87　添加圆形组

图 5-88　绘制形状

（23）双击绘制的形状图层，打开"图层样式"对话框，勾选"内阴影"复选框，设置"颜色、角度、距离、大小"分别为"#8c0c1b、137、1、2"，如图 5-89 所示。

（24）勾选"投影"复选框，设置"颜色、角度、大小"分别为"#a22e35、137、10"，单击 确定 按钮，如图 5-90 所示。

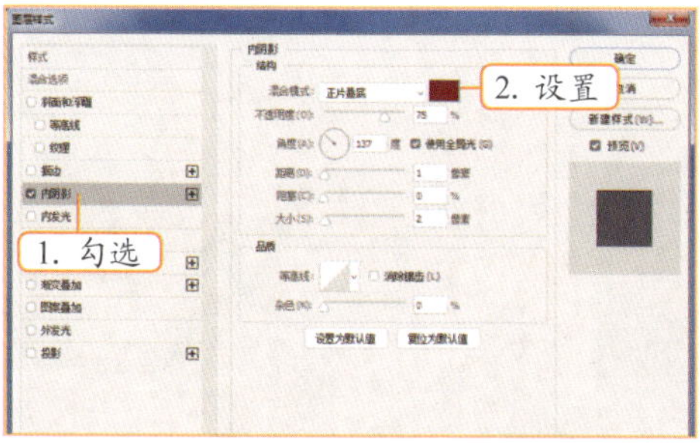

图 5-89　设置"内阴影"参数

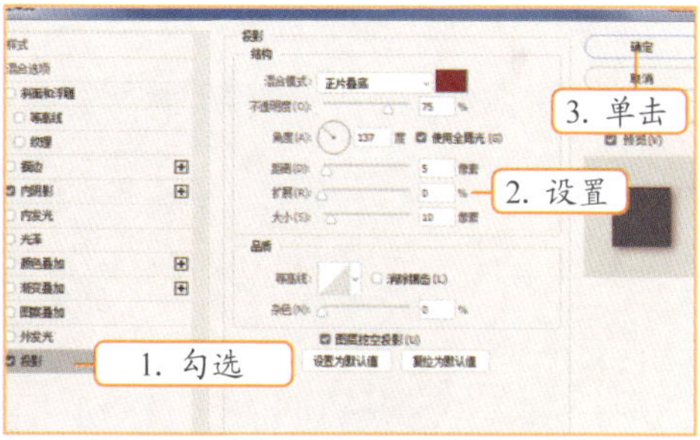

图 5-90　设置"投影"参数

（25）选择"横排文字工具" ，在图形的下方输入"苹果成熟"文字，在工具属性栏中设置"字体、字体大小、文本颜色"分别为"文鼎 POP-4、45 点、#a90317"，效果如图 5-91 所示。

（26）在工具属性栏中单击"创建文字变形"按钮 ，打开"变形文字"对话框，在"样式"下拉列表中选择"拱形"选项，再设置"弯曲、水平扭曲、垂直扭曲"分别为"-15、-6、+4"，单击 确定 按钮，如图 5-92 所示。

（27）此时可发现文字已经变形，按【Ctrl+T】组合键，使文字倾斜显示，如图 5-93 所示。

（28）按【Ctrl+J】组合键复制图层，选择最上方的"苹果成熟"文字，将颜色更改为"#ffffff"，并向左拖曳使其错开显示，效果如图 5-94 所示。

（29）双击下方的"苹果成熟"图层，打开"图层样式"对话框，勾选"投影"复选框，设置"颜色、大小"分别为"#b94e54、10"，单击 确定 按钮，如图 5-95 所示。

（30）返回图片编辑区，可发现文字的下方存在投影效果，如图 5-96 所示。

图 5-91　输入文字

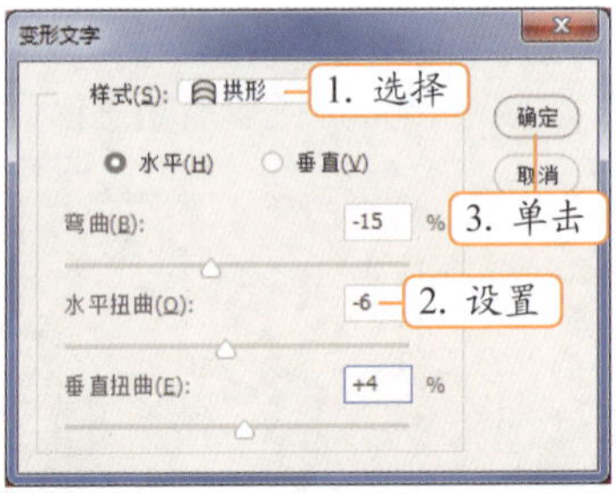

图 5-92　设置"变形文字"参数

图 5-93　使文字倾斜显示

图 5-94　复制文字并更改文字颜色

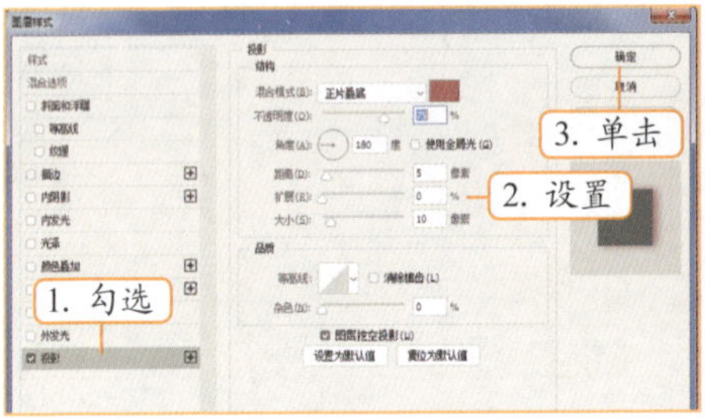

图 5-95　设置"投影"参数

图 5-96　添加投影后效果

（31）选择"直线工具" ∕，在文字和形状的中间绘制 8 条斜线，设置"填充"为 "#e35c63"，完成后选择文字和形状的所有图层，并调整大小和位置，效果如图 5-97 所示。

（32）选择"圆角矩形工具" ☐，在文字的下方绘制"190 像素 ×80 像素"的圆角矩形，并设置"填充"为"#ffffff"，完成后按【Ctrl+T】组合键，使圆角矩形倾斜显示，如图 5-98 所示。

（33）双击圆角矩形所在图层，打开"图层样式"对话框，勾选"渐变叠加"复选框，设置"渐变"为"#ffa200 ～ #ffee2f"，单击 确定 按钮，如图 5-99 所示。

（34）选择"横排文字工具" T，在图形的下方输入"新鲜特价 低至 1 折"文字，在工具属性栏中设置"字体、字体大小、文本颜色"分别为"思源黑体 CN、21 点、#5e0d17"。

图 5-97 绘制斜线

图 5-98 绘制圆角矩形

（35）再次选择"横排文字工具" T ，在图形的下方输入"<5·20 ～ 6·20 低价抢购>"
文字，在工具属性栏中设置"字体、字体大小、文本颜色"分别为"思源黑体
CN、16 点、#9e0d23"。

（36）选择文字图层，调整倾斜度，按【Ctrl+S】组合键保存文件，完成后的效果如
图 5-100 所示（配套资源:\效果文件\第 5 章\苹果"520 像素 ×280 像素"钻
展图 .psd）。

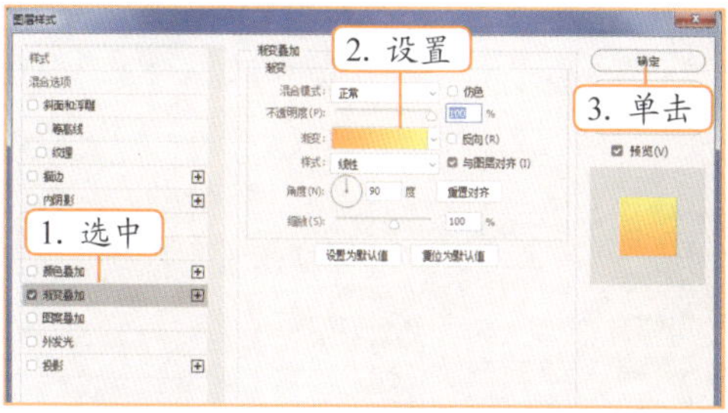

图 5-99 设置"渐变叠加"参数

图 5-100 完成后的效果

2. 制作"160 像素 ×200 像素"钻展图

"160 像素 ×200 像素"钻展图版面较小，在制作时应以
体现商品为主、文字描述为辅。本例将制作"160 像素 ×200 像素"
的西瓜钻展图，过程中采用上下式的构图方式，上方为说明性
文字，下方为西瓜图形，整个画面采用西瓜中的色调为基准，
以瓜皮、瓜瓤的颜色为主色，不但整体色调统一，而且主体明确，
能很好地展现促销内容。其具体操作如下。

微课视频

制作"160 像素 ×
200 像素"钻展图

（1）选择【文件】/【新建】命令，打开"新建文档"对话框，设置"名称、宽度、
高度、分辨率"分别为"西瓜 160 像素 ×200 像素钻展图、160、200、72"，
单击 确定 按钮，如图 5-101 所示。

（2）打开"图层"面板，单击"创建新图层"按钮 ，选择"钢笔工具" ，在左
上角绘制图 5-102 所示的形状，按【Ctrl+Enter】组合键将路径转换为选区，并
填充颜色为"#8ec426"。

（3）再次新建图层，选择"钢笔工具" ，在左上角绘制图5-103所示的形状，按

【Ctrl+Enter】组合键将路径转换为选区，并填充颜色为"#f2e1b9"。

图 5-101　新建文件　　　　图 5-102　绘制形状　　　　图 5-103　绘制其他形状

（4）再次新建图层，使用"钢笔工具" ，在左上角绘制图 5-104 所示的形状，按
　　　【Ctrl+Enter】组合键将路径转换为选区，并填充颜色为"#dc483c"。

（5）选择"图层 1"图层，选择"矩形工具" ，绘制图 5-105 所示的形状，并填充
　　　颜色为"#6b951a"。

（6）按住【Ctrl】键依次选择绘制的矩形，打开"图层"面板，单击鼠标右键，
　　　在弹出的快捷菜单中选择"合并图层"命令，合并绘制的形状，如图 5-106
　　　所示。

图 5-104　绘制红色形状　　　　图 5-105　绘制矩形　　　　图 5-106　合并图层

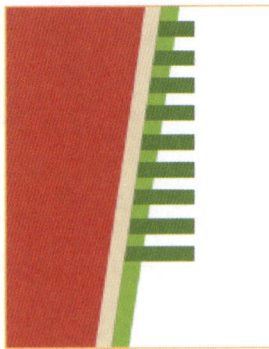

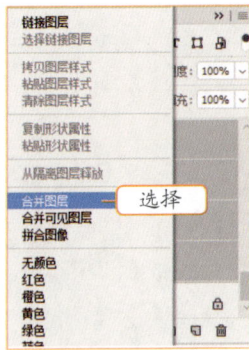

（7）按【Ctrl+Alt+G】组合键对合并后的形状创建剪贴蒙版，如图 5-107 所示。

（8）打开"西瓜.psd"素材文件（配套资源:\素材文件\第 5 章\西瓜.psd），将素
　　　材拖曳到图层中，并调整其大小和位置，如图 5-108 所示。

（9）选择"自定形状工具" ，在工具属性栏中设置"填充"为"#4c1313"，再在"形
　　　状"下拉列表中选择"雨滴"选项，如图 5-109 所示。

（10）在红色的形状区域处绘制雨滴形状，完成后调整位置和大小，如图 5-110 所示。
　　　　这里的雨滴形状主要是对应西瓜的瓜瓤部分。

（11）选择"横排文字工具" ，在图形的下方输入"麒麟瓜"文字，在工具属
　　　　性栏中设置"字体、字体大小、文本颜色"分别为"汉仪粗黑简、6.5 点、

#ffffff"，如图 5-111 所示。

图5-107　创建剪贴蒙版　　图5-108　添加西瓜素材　　图5-109　选择形状

（12）双击"麒麟瓜"图层，打开"图层样式"对话框，勾选"渐变叠加"复选框，
　　　设置"渐变"为"#fefefe ～ #fff8ac"，如图 5-112 所示。

图5-110　绘制水滴　　　图5-111　输入文字　　　图5-112　设置"渐变叠加"参数

（13）勾选"投影"复选框，设置"不透明度、距离、大小"分别为"20、2、3"，
　　　单击　确定　按钮，如图 5-113 所示。

（14）选择"矩形工具"，绘制"110 像素 ×17 像素"的矩形，并设置"填充"为
　　　"#dc483c"。

（15）选择"横排文字工具"，在矩形内输入"瓜皮薄脆 瓜味甜润"，在工具
　　　属性栏中设置"字体、字体大小、文本颜色"分别为"汉仪润圆、3点、
　　　#ffffff"，效果如图 5-114 所示。

（16）选择"椭圆工具"，在"麒麟瓜"文字的右侧绘制"30 像素 ×30 像素"的正圆，
　　　并设置"填充"为"#dc483c"。

（17）在正圆内输入"好礼相送"文字，在工具属性栏中设置"字体、字体大小、文
　　　本颜色"分别为"汉仪润圆、2.5点、#ffea5c"，效果如图 5-115 所示。

（18）选择"矩形工具"，绘制"19 像素 ×59 像素"的矩形，取消"填充"，并
　　　设置"描边"为"#ffea5c、0.8"。

（19）按【Ctrl+J】组合键复制矩形，并修改描边颜色为 "#dc483c"，效果如图 5-116 所示。

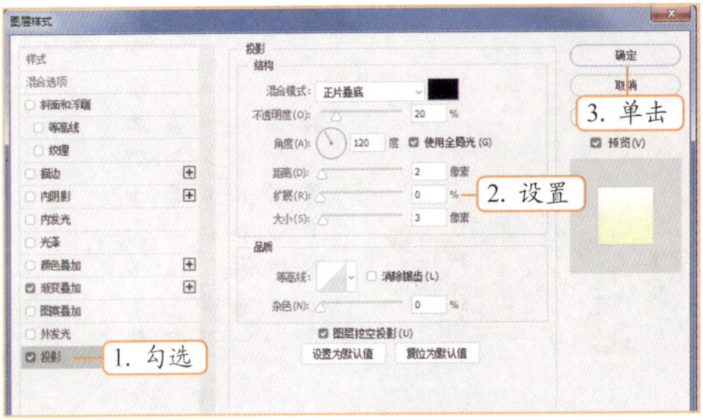

图 5-113　设置 "投影" 参数

图 5-114　绘制形状并添加文字

（20）对绘制好的矩形框进行栅格化处理，选择 "多边形套索工具" ，将形状中的多余部分框选，再按【Delete】键删除多余的形状，效果如图 5-117 所示。

图 5-115　绘制正圆并输入文字

图 5-116　复制矩形

图 5-117　删除多余的形状

（21）选择 "椭圆工具" ，在文字的下方绘制 "51 像素 ×51 像素" 的正圆，并设置 "填充" 为 "#8ec426"，如图 5-118 所示。

（22）选择 "椭圆工具" ，在文字的下方绘制 "47 像素 ×47 像素、45 像素 ×45 像素" 的两个正圆，并设置 "填充" 为 "#ffea5c、#dc483c"，如图 5-119 所示。

（23）选择 "横排文字工具" ，在矩形内输入图 5-120 所示文字，在工具属性栏中设置 "字体、文本颜色" 分别为 "汉仪润圆、#ffea5c"，调整字体大小和位置。

（24）完成后按【Ctrl+S】组合键保存图片（配套资源:\效果文件\第 5 章\西瓜 "160 像素 ×200 像素" 钻展图 .jpg）。

图 5-118　绘制绿色正圆　　　图 5-119　绘制其他正圆　　　图 5-120　完成后的效果图

课堂实训

实训1：制作儿童水杯主图

实训目标

本实训将制作儿童水杯主图，在制作时以儿童春季出游为主题，采用儿童画的形式，将春天的场景展现出来，再加上儿童水杯商品和促销性文字，让主图更加吸引消费者，完成后的效果图如图 5-121 所示。

实训思路

根据实训目标，需要先制作主图背景，再添加儿童水杯素材和说明性文字。

图 5-121　儿童水杯的主图

（1）打开"儿童水杯背景 .jpg"素材文件（配套资源 :\ 素材文件 \ 第 5 章 \ 儿童水杯背景 .jpg）。

（2）选择"横排文字工具" T，在图片中输入文字，在工具属性栏中设置"字体"为"华康海报体 W12"，根据不同的文字内容对文字颜色进行调整，完成后添加图层样式，使文字更加立体、美观。

（3）选择"钢笔工具" ，在文字的右侧绘制形状，并设置"填充"为"#2e936e"，完成后在形状的上方输入"低至 5.8 折优惠"文字，调整字体大小和颜色。

（4）打开"儿童水杯 .psd"素材文件（配套资源 :\ 素材文件 \ 第 5 章 \ 儿童水杯 .psd），将其拖曳到图片中，调整大小和位置。

（5）选择"钢笔工具" ，在水杯的下方绘制形状，并设置"填充"为"#2e936e"，完成后在形状的上方输入"领券立减 20 元"文字，调整字体大小和颜色。

（6）再次选择"椭圆工具" ，在形状的右侧绘制正圆，并设置填充和描边，完成后在形状的上方输入"到手价 ￥129"文字，调整字体大小和颜色，再在上方绘制矩形，并输入文字。

（7）完成后按【Ctrl+S】组合键保存文件（配套资源 :\ 效果文件 \ 第 5 章 \ 儿童水杯主图 .psd）。

实训2：制作奶瓶直通车推广图

实训目标

本实训将制作奶瓶直通车推广图，先制作直通车推广图的背景，这里整个背景以蓝色和白色为主色，整个色调以暖色为主，再添加同色调的商品图片和与商品图片色调对应的文字，不但画面统一美观，而且具有吸引力，完成后的效果图如图 5-122 所示。

实训思路

根据实训目标，需要先制作背景，再添加商品图片，最后进行文字的添加与编辑。

图 5-122　奶瓶直通车的推广图

（1）选择【文件】/【新建】命令，打开"新建文档"对话框，设置"名称、宽度、高度、分辨率"分别为"奶瓶直通车图、800、800、72"，单击 确定 按钮。

（2）打开"奶瓶背景 .jpg"素材文件（配套资源 :\ 素材文件 \ 第 5 章 \ 奶瓶背景 .jpg），将其中的背景拖曳到新建的图片中，调整大小和位置。

（3）打开"奶瓶素材 .psd"素材文件（配套资源 :\ 素材文件 \ 第 5 章 \ 奶瓶素材 .psd），将其中的牛奶和奶瓶拖曳到新建的图片中，调整大小和位置。

（4）选择"横排文字工具" ，在图片中输入文字，在工具属性栏中设置"字体"为"方正粗圆简体"，根据不同的文字内容对文字颜色进行调整，完成后添加图层样式，使文字更加立体、美观。

（5）选择"钢笔工具" ，在"领券立省 30 元"文字的下方绘制形状，将路径转换为选区，并添加渐变叠加和投影效果。

（6）再次使用"钢笔工具" 在左上角绘制形状，并在其上输入"聚划算"文字。

（7）完成后按【Ctrl+S】组合键保存文件（配套资源 :\ 效果文件 \ 第 5 章 \ 奶瓶直通车推广图 .psd）。

课后练习

练习1：制作爆米花主图

本练习将制作更具促销性的爆米花主图，在制作时不但要体现出"6·18 大促　爆米花 5 折"的卖点，还要将活动价等内容展现出来，完成后的对比效果如图 5-123 所示（配套资料:\效果文件\第 5 章爆米花主图 .psd）。

图 5-123　图片前后的对比效果

练习2：制作"520像素×280像素"泳镜钻展图

本练习将制作"520 像素 ×280 像素"泳镜钻展图，在制作时以蓝色为背景，用于突显海水的颜色，然后在中间区域通过黄色的不规则形状，将文字和泳镜展现出来，使整个效果居中显示，完成后的对比效果如图 5-124 所示（配套资料:\效果文件\第 5 章\"520 像素 ×280 像素"泳镜钻展图 .psd）。

图 5-124　图片前后的对比效果

拓展知识

1. 直通车推广图的类型

直通车推广图的类型一般有以下两种。

● **单品推广图：** 单品推广图即掌柜热卖中的图片，其设计规格为商品主图的规格，一般直接从商品主图中选择，侧重于单个商品的信息传递或销售诉求，因此以销售转化为最终目的。

● **店铺推广图：** 店铺推广图即店家精选中的图片，尺寸为"210像素×315像素"，大小限制在100KB以内，一般需要商家自己设计。店铺推广（店家精选）是淘宝（天猫）直通车的一种通用推广方式，它满足了商家同时推广多个同类型商品、传递网店独特品牌形象的需求。店铺推广图更侧重于品牌传递，通过集中引流再分流的方式，实现流量的价值最大化。所以，店铺推广图一般会以主题促销、活动或类目专场等方式呈现。

2. 主图中其他图片的选择

在淘宝网发布商品时，可以上传4～6张不同角度的主图。一般第一张主图，即默认在搜索页展示的主图，要求制作精美、突出卖点，以吸引消费者。而其他的几张主图则最好以白色背景为主，从不同角度、不同颜色等展示商品信息，以帮助消费者了解商品。

06

制作PC端网店首页

公司领导发现小美制作的推广图点击率都不错，于是便给小美安排了新任务：制作 PC 端网店首页。小美接到任务后，先对网店中的热销商品进行了统计，决定在首页中展示热销商品。小美在制作首页时，先替换了店招热卖单品板块的图片，并根据网店主体色调进行了推广图色调的定位。接下来小美开始制作海报，以店内爆款商品为主题吸引消费者进店。此外，小美还制作了优惠券、商品分类和商品展示等板块的图片，使整个网店首页充满了初夏的气息。经过小美的制作，领导发现首页的点击率持续上升，成交量较以前也增加了不少。

由此可见，首页的效果与成交量直接相关，好的首页能延长消费者的停留时间，从而促进转化。而首页的效果，则主要通过店招、全屏海报、优惠券、商品分类、商品展示等体现。

学习目标

* 认识网店首页
* 掌握制作网店店招与导航条的方法
* 掌握制作全屏海报的方法
* 掌握制作优惠券的方法
* 掌握制作商品分类的方法
* 掌握制作网店商品展示和页尾模块的方法

案例展示

首页海报

6.1 认识 PC 端网店首页

　　网店首页的设计相当于实体店面的装修，消费者可以通过首页了解网店的风格和商品价位，从而形成对网店的第一印象。PC 端网店首页通过展示网店活动或单品活动，促进网店商品销量的提升。因此，设计一个风格鲜明、标识明确，并且具有视觉美观效果的首页是吸引消费者浏览的重要法宝。下面分别对网店首页的构成要素和设计规范进行介绍。

↘ 6.1.1　PC端网店首页的构成要素

　　在制作 PC 端网店首页前，需要先了解网店首页的构成要素。淘宝网店 PC 端首页的构成要素主要包括店招、导航条、全屏海报、优惠活动、商品分类、商品展示和页尾模块等，下面分别进行介绍。

- **店招：** 店招也叫网店招牌，位于网店页面的最上方，是首页的页头部分，主要由 Logo、网店名称、少量文案和商品图片组成。
- **导航条：** 导航条一般位于店招的下方，常与店招联合展现，用于对网店的商品进行分类，如服装店的导航条主要包含"新品""上装""下装"等内容。导航条可以帮助消费者快速跳转到对应的分类页面。
- **全屏海报：** 全屏海报一般位于导航条的下方，由两张以上的海报组合而成，用于网店特色展示或广告宣传，如促销或新品广告等。全屏海报以占满屏幕宽度的方式给消费者带来更加震撼的视觉效果，是首页设计中非常重要的部分。
- **优惠活动：** 优惠活动主要用于展示网店中的促销活动信息，包括优惠券和优惠活动推广，以吸引消费者浏览网店，提高商品销量。优惠券的常见表现方式是满减，如"满 199 元立减 100"；优惠活动则以活动海报的形式进行展示。
- **商品分类：** 商品分类是指对网店所销售的商品按照某一个标准进行分类，如商品材质、商品用途、商品原材料和商品价格等。如销售茶叶的商家，就可以按照茶叶的生产工艺将茶叶分为红茶、绿茶、茉莉花茶、乌龙茶、白茶、黄茶和速溶茶等类别。网店美工可对这几个类别的内容进行设计，使其展示在首页中的醒目位置，从而快速引导消费者查看对应类型的商品。
- **商品展示：** 商品展示用于展示网店中的商品，常与"商品分类"模块相搭配，通过展示具体的商品信息来帮助消费者加深对商品的了解。
- **页尾模块：** 页尾模块位于首页的末尾，常以网店网址、二维码、品牌形象等的展示为主。另外也可根据需要添加"返回顶部"模块，以便消费者从头开始浏览。

　　图 6-1 所示为某 PC 端网店首页，其内容较为完整、全面，是比较典型的淘宝 PC 端网店首页的示例。该网店首页的构成要素主要包括店招、导航条、全屏海报、优惠

活动、商品分类、商品展示、页尾模块。其中，爆款推荐主要展示一些以往口碑良好、销量可观的商品，在巨大的优惠力度下，可以吸引消费者快速做出点击行为；而当季热销榜单则是为了推广网店的新品，吸引老客户或者喜欢新品的消费者点击查看，以增加新品的流量和人气。

图6-1 某网店首页的展现效果图

↘ 6.1.2 PC端网店首页制作规范

PC端网店首页是塑造品牌形象并吸引消费者浏览、点击的关键，其制作效果直接影响着网店的成交量和转化率。网店美工在制作 PC 端网店首页时要注意遵循以下规范，以保证首页的视觉效果能够给消费者留下深刻的印象，提高消费者对网店的品牌好感度，进而提升首页的浏览量、点击率等，提高网店商品的整体销量。

- **规划首页布局**：在明确网店风格的前提下，结合 PC 端网店首页的视觉构成元素，合理规划其在首页中的位置和呈现的内容，使首页的整体布局实现视觉与商品相结合的效果。图 6-2 所示为不同构成元素组合所形成的首页布局效果，综合分析其中 4 个首页布局可发现，不同构成元素之间的位置、展示内容、结构划分不同，首页所呈现的最终效果也就不同。合理规划首页布局，可以设计出富有品牌特色效果的页面，提升消费者的视觉浏览体验。

图 6-2　首页布局的不同效果

- **定位首页风格**：网店风格是对品牌形象、主营商品类型、服务方式等内容的集中体现，是影响消费者对网店印象最直观的因素。网店美工在进行首页视觉设计时一定要综合考虑品牌文化、商品信息、目标消费者、市场环境和季节等因素，以明确网店的品牌定位，做到网店风格和商品信息相统一。

● **合理搭配页面元素**：首页的构成元素众多，并且每一个元素都有其独特的意义。因此，网店美工在制作首页时，要在规划好网店页面的基础上，合理搭配各元素，以突出重要信息，快速地对消费者进行引导。如在设计商品推荐时，推荐的内容就应该选择网店中的爆款或新款，并且数量不能太多，以集中引流，增加商品的人气。

6.2　店招与导航条的制作

店招始终展示在网店所有页面的最上方，是网店形象和风格的代表，其美观度直接影响着消费者对网店的印象；而导航条则是商品品类的分类与罗列，能帮助消费者快速查找需要的商品。下面介绍店招和导航条的制作要点。

↘6.2.1　店招的制作要点

店招是网店的招牌，在很大程度上帮助消费者形成了对网店的第一印象。鲜明、有特色的店招对于网店品牌和商品定位有着不可替代的作用。就淘宝网而言，按尺寸大小可以将店招分为常规店招和通栏店招两类。常规店招尺寸为"950像素 ×120像素"，而通栏店招尺寸多为"1920 像素 ×150 像素"，在淘宝网店中常规店招使用得相对较少，多采用通栏店招来显示。一般来说，店招主要包括品牌形象展示店招和商品导购店招两种。

● **品牌形象展示店招**：网店美工在制作该类店招时应以展示网店名称、品牌Logo、品牌成绩等为主，以体现品牌的档次和实力。此外，关注按钮和收藏按钮也应该比较醒目，能让更多消费者关注网店，进一步提高品牌的知名度。图 6-3 所示为俏美味的店招，左侧为品牌 Logo，右侧通过"全网高性价比坚果零食"文字介绍品牌的定位，通过"每月上新 活动不断"文字体现品牌的实力。

图 6-3　俏美味的店招设计

● **商品导购店招**：网店美工在制作该类店招时应以展示性价比较高的 2 ～ 3 款主推商品的信息为主，如商品图片、商品价格和商品主要卖点，以快速引导消费者选购商品。图 6-4 所示的美的网店的店招就是以商品导购为主，通过放置两款不同的商品来进行新品的推广和促销，并以优惠信息来刺激消费者的购物行为，如"抢限时特价""加购即可抽奖"等。

图 6-4　美的网店的店招

从以上案例可以看出，店招中一般包含文字、图片、形状等视觉元素，通过这些元素的组合来形成诸如品牌 Logo、网店广告语、促销商品、优惠信息、活动信息等常见内容。除此之外，也可根据需要添加关注按钮、搜索框、网店公告以及联系方式等其他内容。但店招的展示范围有限，这些内容不能全部添加，需要结合网店现阶段的定位来组合。一般来说，只要在不违背品牌形象和商品定位的前提下合理安排视觉元素即可。图 6-5 所示的店招就是通过视觉元素的组合体现了品牌形象、品牌口号和收藏网店等内容。

图 6-5　视觉元素的组合

店招的制作技巧

知识补充

一般而言，店招的内容都应集中在中间区域，而店招两侧则以留白的形式来进行长度的扩充，这样才能符合淘宝网对店招尺寸大小的规定。为了确保消费者在不同尺寸、不同分辨率的设备屏幕中都能看到店招的主要内容，网店美工在设计时就不应在店招两侧放置重要信息，最好是将两侧留白，留白距离可设置为 465 像素左右。后文中为了展示方便，只保留中间区域的主要内容，而不做完整展示。

↘ 6.2.2　店招风格的确定与选择

店招的风格引导着网店的风格，而网店的风格在很大程度上取决于网店所经营的商品。一般而言，一个完整的网店要求店招、商品、网店具有统一的风格。图 6-6 所示的"裂帛"网店的店招就体现出了强劲的自然风、民族风，在设计上采用了突显民俗风情的花纹图案，在字形和形状等元素上则统一采用偏方正的风格，以体现服装的大气；"QYX 服饰"的店招则以浅灰色背景为主，体现了男性沉稳、严肃的性格特征。

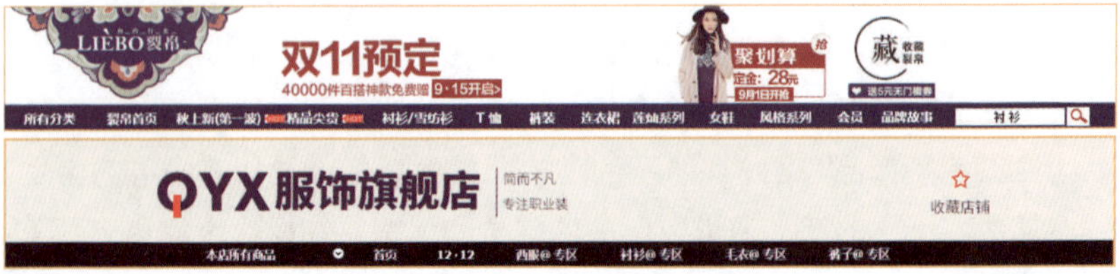

图 6-6　不同风格的店招

同一行业的店招在用色上需要多加考究，如护肤品行业为了彰显商品的天然，突出洁净、清透与水嫩感，会较多使用绿色、蓝色等色调，同时也会选择女性钟爱的粉色、紫色等。

↘ 6.2.3　导航条的制作要点

店招的下方就是导航条。导航条是网店的重要组成部分，是对网店层次结构的分类与罗列。消费者单击导航条中的相关分类，即可快速访问到对应的页面。导航条一般包含首页和其他分类栏目的导入链接，清晰地反映了网店的核心经营内容，可以帮助消费者深入了解网店的定位和主营业务。网店美工要在网店经营业务和内容划分原则的基础上，按照以下设计要点制作导航条。

- 导航条要与店招的风格和颜色相互呼应，保证视觉效果的统一。
- 导航条的长度有限，因此每个导航条栏目的内容要简洁，否则容易造成栏目内容拥挤，不利于消费者查看。
- 导航条栏目内容的颜色要与背景色形成鲜明对比，以便消费者查看并点击浏览对应的页面。

图6-7所示的导航条的内容主要包括所有分类、点击首页、必买清单等，在视觉设计上则直接选用店招的主色和辅色来保证整个设计风格的统一。

图6-7　导航条示例

导航条的分类技巧

知识补充

在对网店商品进行分类时，要把握如下原则：若网店中同款商品库存数量较多，应尽量细分；若库存数量不多，则应尽量分类简洁，否则将不利于消费者的购物体验。对于网店主推的销量或人气较高的商品，可以单独做一个商品集合页，并作为一个分类放在导航条上，如"热卖爆款""2019新品""现货秒发""清仓大促"等。

↘ 6.2.4　制作网店Logo

Logo是店招中的一部分，在设计时不仅要造型美观，还要将网店的信息展现出来，让消费者一看见Logo就知道该网店的名称或所售卖的商品。本例将制作"农家果园"水果网店的Logo，针对网店目标人群，以水果的卡通形象为网店Logo，并以黄色和橘色为主色，让新鲜可口的形象在Logo中

微课视频

制作网店Logo

得到体现，再通过文字的表述，将形象和网店相融合，使消费者看到此 Logo 就能想起该网店。其具体操作如下。

（1）选择【文件】/【新建】命令，打开"新建文档"对话框，设置"名称、宽度、高度、分辨率"分别为"Logo、160、160、72"，单击 创建 按钮，如图 6-8 所示。

（2）在工具箱中选择"椭圆工具" ，在工具属性栏的"描边"下拉列表中单击"渐变"按钮 ，并设置渐变颜色分别为"#f47b06、#ffff00、#f3ba23"，然后设置"旋转渐变"为"-84"，并设置描边粗细为"3 点"，如图 6-9 所示。

图 6-8　新建文件

图 6-9　设置"描边"参数

（3）在图像编辑区绘制"95 像素 ×95 像素"的圆，效果如图 6-10 所示。

（4）打开"图层"面板，选择"椭圆 1"图层，在其上单击鼠标右键，在弹出的快捷菜单中选择"栅格化图层"命令，如图 6-11 所示。

（5）选择"多边形套索工具" ，框选圆下部分区域，使其呈选区进行展示，然后按【Delete】键将选区中的内容删除，如图 6-12 所示。

图 6-10　绘制圆　　图 6-11　栅格化图层　　　　图 6-12　删除选区中的内容

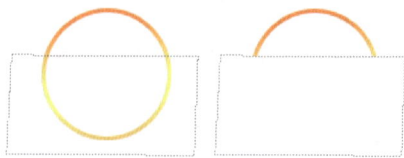

（6）在"图层"面板中，单击"创建新图层"按钮 新建图层，在工具箱中选择"钢笔工具" ，在圆的下方绘制图 6-13 所示形状，按【Ctrl+Enter】组合键将形状转换为选区。

（7）选择"渐变工具" ，打开"渐变编辑器"对话框，设置"渐变颜色"分别为"#f47b06、#ffff00、#f3ba23"，单击 确定 按钮。返回图像编辑区，按住鼠标左键自下而上拖曳，添加渐变效果，如图 6-14 所示。

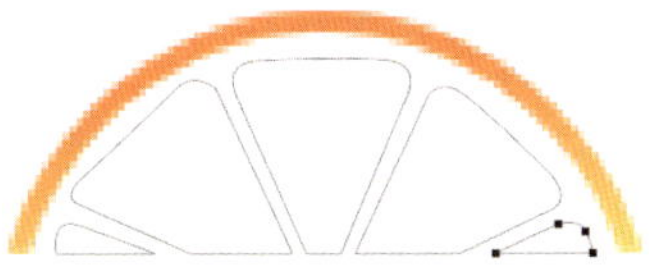

图 6-13　绘制形状

图 6-14　添加渐变效果

（8）选择"直线工具" ，在圆的上方绘制斜线，并设置"填充"为"#f47b06"和
"#f5c648"，效果如图 6-15 所示。

（9）新建图层，将"前景色"设置为"#84ac26"，在工具箱中选择"钢笔工具" ，
在圆的上方绘制图 6-16 所示形状，按【Ctrl+Enter】组合键将路径转换为选区，
再按【Alt+Delete】组合键填充选区。

图 6-15　绘制斜线

图 6-16　绘制形状并填充颜色

（10）新建图层，将"前景色"设置为"#aacf43"，在工具箱中选择"钢笔工具" ，
在圆的上方绘制图 6-17 所示形状，按【Ctrl+Enter】组合键将路径转换为选区，
再按【Alt+Delete】组合键填充选区。

（11）再次新建图层，将"前景色"设置为"#e2f0b6"，在工具箱中选择"钢笔
工具" ，在圆的上方绘制图 6-18 所示形状，按【Ctrl+Enter】组合键将路径
转换为选区，再按【Alt+Delete】组合键填充选区。

图 6-17　绘制树叶的其他形状

图 6-18　绘制树叶的叶头

（12）选择"矩形工具" ，在工具属性栏中设置"填充"为"#727171"，在图像
的下方绘制"105 像素 ×22 像素"的矩形。

（13）在工具箱中选择"横排文字工具" ，在矩形的中间区域输入"FARMHOUSE"
文字。在工具属性栏中设置"字体"为"汉仪综艺体简"、"字体大小"为"13
点"、"文本颜色"为"#ffffff"，如图 6-19 所示。

（14）再次新建图层，将"前景色"设置为"#93b658"，选择"钢笔工具" ，在
矩形的左右两侧绘制图 6-20 所示形状，按【Ctrl+Enter】组合键将路径转换为选区，
再按【Alt+Delete】组合键填充选区。按【Ctrl+S】组合键保存文件（配套资源 :\ 效
果文件 \ 第 6 章 \Logo.psd）。

图 6-19　绘制矩形并输入文字

图 6-20　完成后的效果

Logo 的设计技巧

知识补充

在设计 Logo 时，可根据网店名称进行，也可针对网店经营的商品进行，还可直接使用店铺的名称或其大小写字母作为 Logo 制作的素材。本例主要是为后面店招的制作做准备，因此 Logo 以水果形象为主，而没有过多的文字展现。

↘ 6.2.5　制作通栏店招

通栏店招是网店中运用最广泛的一种店招，它不但具有常规店招的基本信息，还能让导航条直接显示在店招中。本例将制作水果网店的店招，先将制作的 Logo 添加到店招中，再依次添加收藏、热销商品等内容，使网店的主要信息均在店招中得以展示。在颜色的选择上采用绿色为主色，以清新的柠檬为背景，使整个画面美观清新、自然。其具体操作如下。

微课视频

制作通栏店招

（1）新建大小为"1920 像素 ×150 像素"，分辨率为"72 像素 / 英寸"，名称为"水果网店店招"的文件。选择"矩形选框工具" ，在工具属性栏中设置"样式"为"固定大小"、"宽度"为"465 像素"，在文件左上角单击创建选区，从左侧的标尺上拖曳参考线直到与选区右侧对齐，然后使用相同的方法在文件右侧绘制参考线，如图 6-21 所示。

图 6-21　绘制参考线

（2）打开"店招素材 .psd"素材文件（配套资源 :\ 素材文件 \ 第 6 章 \ 店招素材 .psd），将"叶子"图层拖曳到新建文件中，调整素材的位置和大小，如图 6-22 所示。

图 6-22　添加素材

（3）打开"图层"面板，单击"创建新组"按钮 ，双击该组并在右侧的可编辑区输入"Logo"，如图 6-23 所示。

（4）打开 6.2.4 小节制作好的"Logo.psd"文件（配套资源 :\ 效果文件 \ 第 6 章 \Logo.psd），选中其中所有图层并拖曳到新建文件中，调整 Logo 的位置和大小，并拖动到"Logo"组中，如图 6-24 所示。

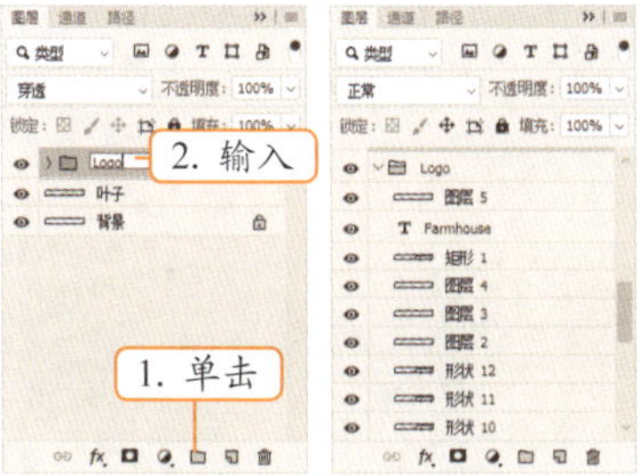

图 6-23　创建新组

图 6-24　添加 Logo

（5）选择"横排文字工具" ，在工具属性栏中设置"字体、字体大小、文本颜色"分别为"汉仪方叠体简、50 点、#449f62"，在 Logo 的右侧输入"农家果园"文字，如图 6-25 所示。

图 6-25　输入"农家果园"文字

（6）选择"横排文字工具" ，在工具属性栏中设置"字体、字体大小、文本颜色"分别为"苏新诗卵石体、22 点、#878e8a"，在"农家果园"文字下方输入"在生活中，让健康成为一种习惯"文字，如图 6-26 所示。

图 6-26　输入其他文字

（7）选择"圆角矩形工具" ，在工具属性栏中设置"填充"为"#f47b06"，在"农家果园"文字右侧绘制"111 像素 ×28 像素"的圆角矩形。

（8）选择"横排文字工具" ，在工具属性栏中设置"字体、字体大小、文本颜色"分别为"华康宋体 W12（P）、20 点、#ffffff"，在圆角矩形中输入"收藏有礼"文字，如图 6-27 所示。

图 6-27　输入其他文字

（9）选择"圆角矩形工具" ⬜，在文字右侧绘制两个"240 像素 × 100 像素"的圆角矩形，并分别设置"填充"为"#aacf43、#f9b502"。

（10）再次打开"店招素材 .psd"素材文件，将水果素材分别拖曳到店招文件中，调整各素材的位置和大小，如图 6-28 所示。

图 6-28　添加水果素材

（11）选择"横排文字工具" T，在工具属性栏中设置"字体、字体大小、文本颜色"分别为"华康宋体 W12（P）、25 点、#ffffff"，在圆角矩形中输入图 6-29 所示文字。

图 6-29　输入商品促销文字

（12）选择"圆角矩形工具" ⬜，在"买 1 送 1"文字的下方绘制两个"240 像素 × 100 像素"的圆角矩形，并分别设置"填充"为"#f9b502、#aacf43"，"描边"为"#ffffff、1"如图 6-30 所示。

图 6-30　绘制圆角矩形

（13）新建图层，设置"前景色"为"#7fa22c"，选择"矩形选框工具" ⬚，在工具属性栏中设置"宽度"为"1920 像素"、"高度"为"30 像素"，在图像的最下方单击绘制选区，按【Alt+Delete】组合键填充前景色用作导航条，如图 6-31 所示。

图 6-31　绘制导航条

（14）选择"横排文字工具" T.，在工具属性栏中设置字体为"方正中倩简体"、字号为"20 点"、字体颜色为"#ffffff"，在导航条上依次输入图 6-32 所示文字，再按图中所示绘制白色竖线，打开"字符"面板，单击"仿粗体"按钮 T，对文字进行加粗处理。

图 6-32 设置导航条文字

（15）在导航条文字图层下方新建图层，选择"矩形选框工具" □，在"首页有惊喜"的上绘制矩形选区，并填充为"#f3002e"，如图 6-33 所示。

（16）删除"首页有惊喜"左右两侧的竖线，打开"调整"面板，单击"色阶"按钮 ，打开"色阶"属性面板，设置色阶值为"51、0.80、226"，如图 6-34 所示。

图 6-33 绘制矩形框

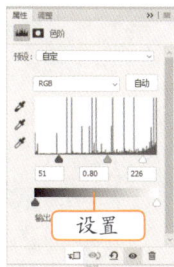

图 6-34 设置色阶值

（17）选择【视图】/【显示】/【参考线】命令，隐藏参考线，完成通栏店招的制作。保存文件，完成后的效果图如图 6-35 所示（配套资源:\效果文件\第 6 章\水果网店店招 .psd）。

图 6-35 完成后的效果图

6.3 全屏海报的制作

全屏海报一般位于导航条的下方，以全屏的形式展示网店当前的活动主题、具体利益点，是消费者进入首页后第一眼看到的画面。因此，全屏海报的设计效果直接关系着点击率，进而影响着网店商品的销售。

因此，网店美工在制作全屏海报时要符合品牌定位，色彩上以网店主色、辅色为主，并调动色彩、版式、字体、形式感等综合因素来营造视觉效应。其画面不但要具有较强的视觉冲击力，还要突出主要信息，做到文字精练、通俗易懂，以吸引消费者点击海报，深入了解活动或商品信息。下面先讲解全屏海报的组成要点，再分别介绍全屏海报的设计要点和制作方法。

⬊ 6.3.1　全屏海报的组成要点

全屏海报一般是由文案、商品图片、模特或背景中的至少两种元素组成的，下面分别进行介绍。

- **文案**：文案主要用来表现海报主题，其组成部分包括标题、副标题、促销信息等。要想快速通过文案引起消费者的注意并促成点击，编写的广告文案就必须简短、易于阅读、逻辑清晰。
- **商品图片**：文案要想"言之有物"就需要与商品或活动主题相关联，而商品图片就是连接文案与主题的桥梁。它不仅可以让抽象的文案描述更加具象化，还能带给消费者视觉上的愉悦感。
- **模特**：模特是辅助商品展示的元素，在服饰、家具、美妆等类型的海报设计中，使用模特表现商品可以给消费者带来更加直观的体验。
- **背景**：除了上述几部分外，画面中的其他元素都可以看作背景的一部分。一般来说，背景主要起烘托主题的作用，当背景和主题关联不紧密时，可选择简单的单色或者通过模糊背景的方式来制作背景，以使主题表现更加突出。若要辅助表现主题，则可以通过合成的方式来打造创意背景。

⬊ 6.3.2　全屏海报的设计要点

要想让全屏海报美观，吸引消费者的注意力，就要对每张全屏海报的主题、构图和配色等进行综合考虑。下面分别进行介绍。

- **主题**：无论是新品上市还是活动促销，海报都需要确定一个主题以及对应的轮播图效果。一般情况下，海报的主题主要通过商品图片和文字描述来体现。将描述提炼成简洁的文字，并将主题放在海报的第一视觉点，能够让消费者直观地看到出售的商品。然后，可根据商品和活动主题选择合适的背景。在编辑文案时，文案的字体不要超过3种，建议用稍大的字号和个性化的字体突出主题和商品的特征。图6-36所示为"6·18"促销活动的主题海报。
- **构图**：构图的好坏直接影响着海报的效果，构图主要分为左右构图、左中右三分式构图、上下构图、底面构图和斜切构图5种。图6-37所示为左右构图。
- **配色**：海报不但需要确定主题和进行构图，还需要统一色调。在配色时，对重要的文字信息用突出、醒目的颜色加以强调，通过明暗对比以及不同颜色的搭配来确定对应的风格。海报的背景颜色应该统一，不能使用太多的颜色，以免页面杂乱。图6-38所示为比较漂亮的配色效果。

图6-36 "6·18"促销活动的主题海报

图6-37 左右构图

图6-38 比较漂亮的配色效果

↘ 6.3.3 制作全屏海报

本例将制作6月上新海报，在制作时以6月为时间线，以窗外的蓝天、白云、小草为背景，展现初夏的美丽景色，同时通过左右构图的方式进行文字和商品的排版，右侧为水果商品的集合，左侧为文字的说明，使整个画面自然、美观，充满初夏的气息。其具体操作如下。

（1）新建大小为"1920像素×540像素"，分辨率为"72像

> 微课视频
>
>
>
> 制作全屏海报

素/英寸"，名称为"水果网店全屏海报"的文件。

（2）打开"植物素材.psd"素材文件（配套资源:\素材文件\第6章\植物素材.psd），
将素材拖曳到海报文件中，调整其位置和大小，如图6-39所示。

图6-39　添加植物素材

（3）打开"窗户素材.psd""水果.psd"素材文件（配套资源:\素材文件\第6章\窗
户素材.psd、水果.psd"），将素材分别拖曳到海报文件中，调整各素材的位置
和大小，如图6-40所示。

图6-40　添加窗户和水果素材

（4）双击"水果"图层，打开"图层样式"对话框，勾选"投影"复选框，在右侧的
面板中设置"不透明度、距离、大小"分别为"60、7、16"，单击　确定　按钮，
如图6-41所示。

（5）按【Ctrl+J】组合键复制"水果"图层，设置图层的混合模式为"叠加"、"不
透明度"为"40%"，效果如图6-42所示。

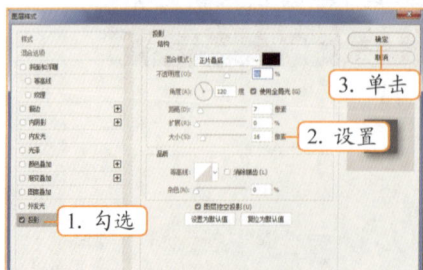

图6-41　设置"投影"参数

图6-42　设置图层的混合模式

（6）打开"木栅栏.psd"素材文件（配套资源:\素材文件\第6章\木栅栏.psd），
将素材拖曳到海报文件中，调整其位置和大小，效果如图6-43所示。

图 6-43　添加木栅栏素材

（7）选择"横排文字工具" **T.**，在工具属性栏中设置"字体"为"汉仪小麦体简"、"文本颜色"为"#42372e"，在木栅栏上输入图 6-44 所示文字，调整字体大小和位置。

图 6-44　输入文字

（8）选择"月"图层，单击"添加图层蒙版"按钮 ◻，将"前景色"设置为"#000000"，选择"画笔工具" **✍.**，将"月"字中间的两横笔画涂抹去除，效果如图 6-45 所示。

图 6-45　添加图层蒙版

（9）打开"小素材.psd"素材文件（配套资源:\素材文件\第6章\小素材.psd），将素材拖曳到海报文件中，调整其位置和大小，效果如图6-46所示。

图 6-46　添加小素材

（10）选择"圆角矩形工具" ◻，在工具属性栏中设置"填充"为"#fb653d"，在文字的下方绘制"280 像素 ×40 像素"的圆角矩形。

（11）选择"横排文字工具" **T**，在圆角矩形中输入图 6-47 所示文字，在工具
属性栏中设置"字体"为"汉仪润圆"、"文本颜色"分别为"#ffffff、
#64200e"，完成后调整字体大小和位置。

（12）保存文件，完成海报的制作，效果图如图 6-47 所示（配套资源:\效果文件\第 6
章\水果网店全屏海报 .psd）。

图 6-47　完成后的效果图

知识补充

海报制作的注意事项

在制作海报时，若需要进行轮播展现，则要制作多幅海报，并且多幅海报的
尺寸应保持一致。制作完成后，可通过网店装修的方法进行添加，其具体方法将
在第 10 章进行介绍。

6.4　优惠券的制作

淘宝优惠券是消费者在淘宝购买商品或参加其他活动时，淘宝商家发放给消费者
的优惠券。优惠券一般可用来抵用现金，其获得途径和规则多种多样。优惠券一般位
于网店首页或商品详情页中，消费者进入网店即可自行领取。

发放优惠券是淘宝商家常用的促销手段，也是网店推广方式和吸引消费者二次消
费的一种策略。若商家开通了网店优惠券功能，即可制作个性化的优惠券。下面对优
惠券的类型和制作方法进行介绍。

↘ 6.4.1　优惠券的类型

优惠券通常是通过在形式上给予一定的折扣来触发消费者的心理效应，吸引消费
者凑单用券，提高消费者的消费意愿，促进商品的销售。图 6-48 所示为几种常见的优
惠券。网店首页中的优惠券根据使用场景的不同可分为不同的类型，主要包括新人券、
现金券、满减券、折扣券和免单券。

● **新人券：**首次关注或收藏网店的消费者，可以领取新人券，在消费时直接抵
扣 ×× 元。

- **现金券**：现金券主要针对的是老客户，使用门槛较低，可直接抵扣现金。
- **满减券**：满减券是优惠券中最常见的一种类型，只要消费金额达到 ×× 元，就可立减 ×× 元。

图 6-48　不同类型的优惠券

- **折扣券**：与满减券类似，折扣券的使用原理是：只要消费金额达到 ×× 元，就可打 ×× 折。
- **免单券**：免单券可以直接抵扣订单金额，无须消费者支付现金。免单券可作为大型活动的引流手段，以数量稀少的免单券来吸引消费者进店抢购，可以实现引流并为活动造势。

6.4.2　优惠券的制作要点

当制作优惠券时，需要在符合网店整体设计风格的前提下，涵盖优惠券的使用范围、使用条件、发放时间、使用时间、使用限制等内容，直观地将信息传达给消费者，让消费者明确优惠券的使用规则，从而更好地开展促销并吸引消费者购买。

- **优惠券的使用范围**：网店美工要明确优惠券的适用范围，是全店通用，还是只能在购买店内的单品或者某系列商品时使用，即通过限定消费对象的方式起到引流的作用。
- **优惠券的使用条件**：网店美工要明确优惠券的使用门槛，即使用优惠券应该满足的条件，如全场购物满 168 元即可优惠 10 元。这种有条件的折扣可以在刺激消费者消费的同时，最大限度地保证网店的利润空间。
- **优惠券的发放时间**：优惠券的发放时间就是消费者可以领取优惠券的时间，因此应明确告知消费者在什么时候可以领取优惠券。
- **优惠券的使用时间**：一般情况下，如果网店意在进行短期推广，就应当限定优惠券的使用时间。通常来说，可将优惠券的有效期间设置为消费周期。限制使用时间可以让消费者产生"过期浪费"的心理，从而提高优惠券的使用率。
- **优惠券的使用限制**：明确每位消费者可以领取的优惠券数量或设置其他限制条件，以免出现乱领、多领等情况，如"每笔订单限用一张优惠券""不可叠加使用"等。
- **优惠券的最终解释权**：如"优惠券的最终解释权归本店所有"，在一定程度上保留了法律上的权力，能够避免在后期活动执行过程中产生不必要的纠纷。

需要注意的是，以上信息并非一定要全部以文案的形式展示在优惠券板块。如果商家通过其他渠道（如微博、微信公众号等）通知了消费者优惠券的发放时间、使用时间以及使用限制，就可在制作优惠券时以展示使用范围、使用条件等内容为主。

↘ 6.4.3　优惠券的制作技巧

随着电商竞争的日益激烈，优惠券已经成为商家不可或缺的一种营销工具。那么，网店美工在制作优惠券时，可以通过哪些技巧来刺激消费者，进而激发消费者的购物欲望呢？下面分别进行介绍。

- 优惠券的内容应该尽量精简，不要添加任何与优惠内容无关的信息，否则容易引起消费者的反感。同时避免信息重复，应以简洁的方式来展示优惠券。
- 优惠券的面值大小是决定消费者使用优惠券意愿强弱的首要因素，除了在网店成本经营范围内尽量设置大面值来刺激消费者外，面值的展示还应该在优惠券中占据最大版面，以快速吸引消费者的视线。
- 当制作多张优惠券时，可先设计一个优惠券模板，据此制作其他类似优惠券，到时只需修改对应的内容即可。
- 如果商家的优惠券总量有限，还应该设计优惠券被领取完后的状态。最简单的方法是将优惠券转为灰度模式，并给出提示信息，如"剩余0""已抢完"等。

↘ 6.4.4　制作优惠券

本例将制作"农夫果园"水果网店的满减优惠券。在制作时，不但要确定优惠券的内容，包括使用条件、使用时间、使用限制等，而且要明确优惠券的颜色，这里以浅绿色作为主色，由简单的模块组成，让优惠信息得以展现。其具体操作如下。

微课视频

制作优惠券

（1）新建大小为"1920像素×160像素"，分辨率为"72像素/英寸"，名称为"水果网店优惠券"的文件，在左侧的标尺栏上单击并向右拖曳，得到一条参考线，按住鼠标左键将参考线拖曳到图6-49所示位置后，释放鼠标即完成参考线的添加。使用相同的方法完成其他参考线的添加。

图6-49　添加参考线

（2）选择"钢笔工具" ⌀，在工具属性栏中设置"工具模式"为"形状"，再设置"填充"为"#ee9915"，在优惠券文件的左侧绘制图6-50所示的形状。

图 6-50 绘制形状

（3）按【Ctrl+J】组合键复制绘制的形状，再次选择"钢笔工具" ，在工具属性栏中取消填充，设置"描边"为"#ffffff、3 点"，在"描边选项"下拉列表中选择第二种选项，此时可发现复制后的形状发生变化，按【Ctrl+T】组合键，使描边后的形状缩小显示，如图 6-51 所示。

图 6-51 复制形状并缩小

（4）双击"形状 1"图层，打开"图层样式"对话框，勾选"渐变叠加"复选框，设置"渐变"为"#e99413、#e9b336"，如图 6-52 所示。

（5）勾选"投影"复选框，设置"不透明度、距离、扩展、大小"分别为"10、12、0、3"，单击 确定 按钮，如图 6-53 所示。

（6）选择"横排文字工具" ，在工具属性栏中设置"字体、文本颜色"分别为"汉仪立黑简、#ffffff"，在形状内输入"10RMB"文字，完成后调整字体大小和位置，效果如图 6-54 所示。

图 6-52 设置"渐变叠加"参数　　图 6-53 设置"投影"参数

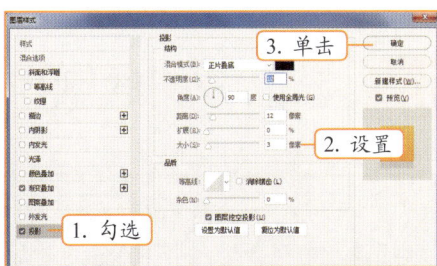

（7）再次选择"横排文字工具" ，在工具属性栏中设置"字体"为"汉仪雅酷黑 W"、"文本颜色"为"#ffffff、#4b4b4b"，在形状内输入"优惠券""满 99 元使用"文字，完成后调整字体大小和位置。

（8）选择"圆角矩形工具" ，在工具属性栏中设置"填充"为"#ffffff"，在"满99 元使用"图层下方绘制"225 像素 ×25 像素"的圆角矩形，如图 6-55 所示。

图 6-54　输入文字

图 6-55　绘制圆角矩形

（9）单击"创建新组"按钮 ▣，创建新组并将名称修改为"优惠券 1"，然后将优惠券所有图层移动到组中。

（10）按两次【Ctrl+J】组合键复制群组，并移动到优惠券右侧，然后将群组名称依次更改为"优惠券 2""优惠券 3"，接着调整各个优惠券的内容，效果如图 6-56所示。

图 6-56　复制群组

（11）打开"优惠券 2"群组，双击"形状 1"图层，打开"图层样式"对话框，在"渐变叠加"复选框右侧的面板中，修改"渐变"为"#eb5d3a、#ef823a"。使用相同的方法，打开"优惠券 3"群组，修改"渐变"为"#30a63e、#45b24e"。

（12）按【Ctrl+；】组合键隐藏参考线，完成优惠券的制作。保存文件，完成后的效果如图 6-57 所示（配套资源 :\ 效果文件 \ 第 6 章 \ 水果网店优惠券 .psd）。

图 6-57　完成后的效果图

6.5　商品分类的制作

　　对于销售规模较小的商家来说，导航条中的分类足以引导消费者进行选择与浏览。而对于销售规模较大的商家来说，就需要制作商品分类，以丰富的首页的分类导航层级，更好地引导消费者利用商品分类来找到自己所需要的商品。商品分类一般以二级分类类目为主，通过将二级分类类目排列在一起的方式让消费者直观地看到类目信息，从而加强消费者的视觉浏览体验，提高商品的转化率。

↘ 6.5.1　商品分类的制作要点

　　首页中的商品分类一般以标签的形式呈现，即"分类图标+文字"的组合形式。其制作要求是：在遵循色彩和样式统一原则的前提下，用简单易懂的图标和文字进行搭配，以便更加清晰、直观地向消费者传达分类信息，引导消费者查看分类，找到对应的商品。因此，商品分类的视觉表现主要体现在分类的布局与分类图标的设计两个方面。

- **分类的布局**：从布局的角度来说，商品分类要遵循简洁、直观、易于区分的原则。网店美工可按照分类数量对分类画面进行划分，每一部分的大小可自由分配，也可平均分配，然后通过分割线、底纹或色块等元素来进行区分，以保证整体画面的统一与规范。图6-58所示的两个示例都是服饰类目的商品分类，由于各自的分类采用了不同的布局方法，二者最终呈现出完全不同的视觉效果。

图6-58 商品分类的布局

- **分类图标的设计**：分类图标是分类文字的具象化表现，常采用实物图片、轮廓勾勒、外形填充等方式来进行快速设计，以便与商品分类的内容相关联，让消费者快速识别并接收信息，如图6-59所示。

图6-59 商品分类图标的设计

↘ 6.5.2　制作商品分类

本例将制作"农夫果园"水果网店的商品分类。在制作时，先通过水蜜桃的细节展现提升整个板块的美观度，再结合使用矩形、圆角矩形、圆让分类商品通过形状得以展现，使整个画面美观、实用。其具体操作如下。

（1）新建大小为"1920 像素 ×1600 像素"，分辨率为"72 像素 / 英寸"，名称为"水果网店商品分类"的文件。

（2）打开"商品分类素材 .psd"素材文件（配套资源 :\ 素材文件 \ 第 6 章 \ 商品分类素材 .psd），将其中的莲蓬、树叶素材拖曳到新建的文件中，调整各素材的大小和位置。

（3）选择"椭圆工具" ⬭，在商品分类文件的中间区域绘制 3 个大小分别为"500 像素 ×500 像素""270 像素 ×270 像素""240 像素 ×240 像素"的正圆，效果如图 6-60 所示。

（4）在圆形图层的下方，再次选择"椭圆工具" ⬭，绘制"570 像素 ×570 像素"的正圆。在工具属性栏中取消填充，再设置"描边"为"#778a59、4 点"，在"描边选项"下拉列表中选择第二种选项，将填充的圆修改为虚线效果，如图 6-61 所示。

（5）打开"商品分类素材 .psd"素材文件，将其中的水蜜桃素材依次拖曳到圆的上方，按【Ctrl+Alt+G】组合键创建剪贴蒙版，如图 6-62 所示。

图 6-60　绘制正圆　　　　图 6-61　圆的虚线效果　　　　图 6-62　创建剪贴蒙版

（6）选择"矩形工具" ▭，在水蜜桃的右侧绘制"80 像素 ×400 像素"的矩形，并设置"填充"为"#778a59"。

（7）选择"直排文字工具" ⬆T，在矩形内输入图 6-63 所示文字，在工具属性栏中设置"字体"为"汉仪雅酷黑 W"、"文本颜色"分别为"#ffffff、#778a59"，完成后调整字体的大小和位置。

（8）选择"自定形状工具" ⬡，在工具属性栏中设置"填充"为"#c9d0be"，在"形状"下拉列表中选择"溅泼"选项，然后在圆的右下角绘制所选择的形状，效果如图 6-64 所示。

（9）选择"矩形工具" ▭，在水蜜桃的下方绘制"1920 像素 ×720 像素"的矩形，并设置"填充"为"#778a59"，如图 6-65 所示。

图 6-63　绘制矩形并输入文字

图 6-64　绘制"溅泼"形状

（10）选择"横排文字工具" T ，在矩形内输入图 6-66 所示文字，在工具属性栏中设置"字体、文本颜色"分别为"汉仪雅酷黑 W、#ffffff"，完成后调整字体的大小和位置。

图 6-65　绘制矩形

图 6-66　输入文字

（11）选择"矩形工具" □ ，在"仲夏。果香"文字两侧绘制大小不一的矩形，用于提高画面的美观度，如图 6-67 所示。

（12）选择"圆角矩形工具" □ ，在文字的下方绘制"300 像素 ×250 像素"的圆角矩形，并设置"填充"为"#ffffff"，按住【Alt】键向右拖曳复制圆角矩形，效果如图 6-68 所示。

图 6-67　绘制矩形

图 6-68　复制圆角矩形

（13）选择"椭圆工具" ○ ，绘制"270 像素 ×270 像素"的正圆，在工具属性栏中设置"填充、描边"分别为"#ffffff、3 点"，然后按住【Alt】键向右拖曳复制正圆，如图 6-69 所示。

（14）在打开的"商品分类素材 .psd"素材文件中，将水果素材依次拖曳到圆的上方，按【Ctrl+Alt+G】组合键创建剪贴蒙版，如图 6-70 所示。

（15）双击正圆所在图层，打开"图层样式"对话框，勾选"投影"复选框，设置"颜色、距离、扩展、大小"分别为"#828480、10、23、6"，单击 确定 按钮，如图 6-71 所示。

图 6-69　绘制并复制正圆

图 6-70　创建剪贴蒙版

（16）复制圆对应的图层样式，并应用到其他圆中，效果如图 6-72 所示。

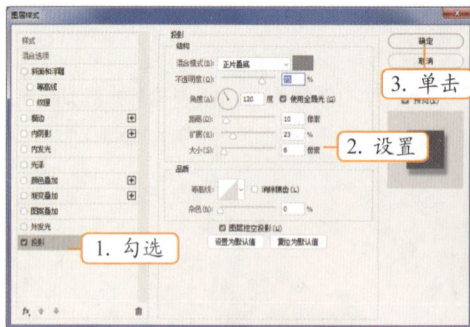

图 6-71　设置"投影"参数

图 6-72　复制投影样式

（17）选择"横排文字工具" T，在工具属性栏中设置"字体、字体大小、文本颜色"分别为"汉仪雅酷黑 W、50 点、#586741"，在圆角矩形内输入图 6-73 所示文字，完成后调整字体的位置。

（18）选择"直线工具" ，在文字的下方绘制颜色为"#8a59"的直线。

（19）选择"自定形状工具" ，在工具属性栏中设置"填充"为"#c9d0be"，在"形状"下拉表中选择"溅泼"选项，然后在圆角矩形的下方绘制所选择的形状。

（20）保存文件，完成商品分类的制作，效果图如图6-74所示（配套资源：\效果文件
　　　\第6章\水果网店商品分类.psd）。

图6-73　输入文字　　　　　　　　　　　图6-74　完成后的效果图

6.6　其他板块的制作

　　完成商品分类的制作后，就可以着手商品展示的制作了。
所谓商品展示，是指以商品为主体，运用一定的设计手法，按
照网店经营销售的策略来有规律地展示商品信息，以便消费者
浏览、购买商品。合理地设计商品展示，可以帮助商家更好地
展示商品，从而刺激销售。当对商品展示完成后，还可制作页尾，
用于对整个首页进行总结。下面先制作商品展示，再讲解页尾
的制作方法。

微课视频

制作商品展示

↘ 6.6.1　制作商品展示

　　本例将制作"农夫果园"水果网店的商品展示。该商品展示主要是在商品分类的
基调上进行制作，其作用是展现网店中的热销商品。在制作时，先通过海报的形式对
热卖水果进行展现，再通过均等展示的方法对各款主推水果进行展现，让整个版面美
观且区分合理，更加符合消费者的购买需求。其具体操作如下。

（1）新建大小为"1920像素×3600像素"，分辨率为"72像素/英寸"，名称为"水
　　　果网店商品展示"的文件。

（2）选择"矩形工具" □，在新建文件的最上方绘制大小为"1920像素×220像素"
　　　的矩形，打开"商品展示素材.psd"素材文件（配套资源：\素材文件\第6章\商品分
　　　类素材.psd），将其中的葡萄素材拖曳到新建文件中，调整其大小和位置，按
　　　【Ctrl+Alt+G】组合键创建剪贴蒙版。

（3）选择"矩形工具" □，在商品展示文件的左上角绘制大小为"480像素×220像素"、
　　　"填充"为"#576640"的矩形。选择"横排文字工具" T，在矩形上输入图

6-75 所示文字，在工具属性栏中设置"字体、文本颜色"分别为"汉仪蝶语体简、#ffffff"，完成后调整字体的大小和位置。

图 6-75　制作标题栏

（4）选择"矩形工具" ▭，在图像的左上角绘制大小为"1920 像素 ×600 像素"、"填充"为"#f5c01b"的矩形。

（5）在打开的"商品展示素材 .psd"素材文件中，将芒果素材拖曳到矩形中，调整其大小和位置，按【Ctrl+Alt+G】组合键添加剪贴蒙版，如图 6-76 所示。

图 6-76　添加芒果素材

（6）选择"矩形工具" ▭，在图像的左上角绘制两个大小为"540 像素 ×340 像素"、"填充"为"#ffffff"的矩形，打开"图层"面板，设置"不透明度"为"50%"，然后使矩形错开展示。

（7）选择"横排文字工具" T，在矩形内输入图 6-77 所示文字，在工具属性栏中设置"字体"为"华文琥珀"，"文本颜色"分别为"#ffffff、#e94619"，完成后调整字体的大小和位置。

（8）选择"椭圆工具" ○，绘制 4 个"65 像素 ×65 像素"的正圆，设置"填充"分别为"#f5c01b、#e94619"，并置于"新鲜水果"文字下方。

（9）选择"圆角矩形工具" ○，在"好味道源自大自然"文字下方绘制"380 像素 ×45 像素"的圆角矩形，并设置"填充"为"#e71f19"，如图 6-78 所示。

图 6-77　输入文字

图 6-78　绘制正圆和圆角矩形

（10）选择"自定形状工具" ⚙，在工具属性栏中设置"填充"为"#ffffff"，在"形状"下拉列表中选择"会话3"选项，然后在"fresh"文字下方绘制所选择的形状，调整其大小和位置。

（11）双击绘制的形状的图层右侧，打开"图层样式"对话框，勾选"投影"复选框，设置"颜色、不透明度、距离、大小"分别为"#ec641a、50、5、7"，单击 确定 按钮。在打开的"商品展示素材.psd"素材文件中，将其他芒果素材拖曳到商品展示文件左侧并对其创建剪贴蒙版。

（12）选择果汁所在图层，单击"添加图层蒙版"按钮 ▫，设置"前景色"为"#000000"，选择"画笔工具" ✎，在多余的果汁处进行涂抹，使整个画面更加美观，效果如图6-79所示。

图6-79　完成海报的制作

（13）选择"矩形工具" ▢，在商品展示文件的下方绘制两个大小为"695像素×515像素"的矩形，然后在矩形下方绘制6个大小为"380像素×450像素"的矩形。

（14）在打开的"商品展示素材.psd"素材文件中，将水果素材依次拖曳到矩形上方，并对其创建剪贴蒙版，然后在左右两侧添加树叶素材，效果如图6-80所示。

（15）选择"横排文字工具" T，在商品展示文件中输入图6-81所示的文字，在工具属性栏中设置"字体"为"华文琥珀"，完成后调整字体的大小、颜色和位置。

（16）选择"矩形工具" ▢，在"立即购买"文字下方绘制矩形，并设置"填充"为"#65845a"。

（17）选择"直线工具" ✎，在"果园新鲜采摘"文字的上下方分别绘制直线。再使用"横排文字工具" T，在图6-81所示的位置输入"-----------------------"，使其起到分割线的作用。

（18）保存文件，完成海报的制作（配套资源:\效果文件\第6章\水果网店商品展示.psd）。

图 6-80　绘制矩形并添加素材

图 6-81　输入文字并保存图像

↘ 6.6.2　制作页尾

　　页尾位于网店首页的最后一屏，一般用于放置网店的收藏区、手机网店的二维码、礼品或抽奖活动、购物须知和网店公告等内容。其目的在于加强品牌记忆，给消费者以购物安全感，希望消费者能再次光临。本例将从消费者浏览网店的便利度与购物的常见问题出发，对水果网店的页尾模块进行制作。在制作时，以采摘场景为背景，通过文字的描述和简单的分割线使页尾与前面制作的页面更加统一。其具体操作如下。

微课视频

制作页尾

（1）新建大小为"1920 像素 ×260 像素"，分辨率为"72 像素 / 英寸"，名称为"页尾"的文件。

（2）打开"页尾素材 .psd"素材文件（配套资源 :\ 素材文件 \ 第 6 章 \ 页尾素材 .psd），将其中的背景拖曳到新建文件中，调整其大小和位置。

（3）选择"矩形工具" □ ，在页尾文件的中间绘制 4 个大小为"145 像素 ×260 像素"的矩形，并设置"填充"为"#ffffff"。打开"图层"面板，设置"不透明度"为"50%"。

（4）再次选择"矩形工具"□，在矩形的右侧再次绘制"256像素×260像素"的矩形，并设置"填充"为"#242923"，如图6-82所示。

图6-82　绘制并填充矩形

（5）选择"直排文字工具"｜T，在矩形中输入图6-83所示的文字，在工具属性栏中设置"字体"为"华文琥珀"，"文本颜色"分别为"#ffffff、#638159"，完成后调整字体的大小和位置。

（6）选择"横排文字工具"T，在工具属性栏中设置"字体、颜色"分别为"华文琥珀、#ffffff"，在"收藏"二字间输入"PUTAOSHUIGO"文字，完成后调整字体的大小和位置。

图6-83　输入文字

（7）双击竖排文字图层，打开"图层样式"对话框，勾选"描边"复选框，设置"大小、颜色"分别为"3、#ffffff"，单击 确定 按钮，完成后为其他竖排文字添加图层样式。

（8）保存文件，完成页尾的制作，效果如图6-84所示（配套资源:\效果文件\第6章\页尾.psd）。

图6-84　完成页尾的制作

课堂实训——制作女包PC端网店首页

实训目标

某一网店的主营商品为时尚女包，页面主要采用时尚、简约的方式来展现，先通过各模特对商品的展现来呈现女包的时尚感，再通过错落有致的排序与布局，增强网店的时尚感，完成后的效果图如图6-85所示。

图 6-85　女包 PC 端网店首页效果图

实训思路

　　根据实训目标，需要先制作 Logo，再制作店招、海报和网店展示区。

（1）制作 Logo 是完成店招制作的第一步，本例将制作一个带有眼睛图像的店招。

（2）店招是消费者查看网店的重点，本例主要采用左、中、右布局形式，将制作好的 Logo 放到店招中，在中间输入网店的名称、右侧输入互动内容，从而使店招更加美观。

（3）在店招的下方制作导航条，本导航条的底色为深灰色，然后以文字的方式将网店中的女包样式罗列出来。

（4）在海报的制作过程中，先插入需要体现的女包图像，再在右侧输入说明性文字，此时整个画面时尚、简单。

（5）海报的下方为网店展示区。该展示区主要分为 3 部分，最上方部分为商品的海报展示区，该区域包含了商品展现效果和说明性文字，整个画面简洁、明快。中间和最下方部分为单个商品的展示区，可在两个区域左侧添加文字，使简单的展示具有时尚感。

课后练习——制作大米 PC 端网店首页

　　本练习将制作大米 PC 端网店首页。在制作时，可先设计水墨背景的全屏海报，再对大米商品依次进行展现，完成后的效果图如图 6-86 所示（配套资源 :\效果文件\第 6章\大米网店首页 .psd ）。

图 6-86　大米 PC 端网店首页效果图

拓展知识

1. 悬浮导航条的制作技巧

　　悬浮导航条一般位于网店首页的左侧或右侧，当页面内容较多且太长时，就可以通过设置悬浮导航条来定位目标位置。悬浮导航条一般会随着页面的滚动而移动，以便消费者通过单击导航中的内容进行快速切换。图 6-87 所示为页面左侧的悬浮导航条，其中包含了三只松鼠网店的 12 种商品类目。当消费者浏览该页面时，不管处于什么位置，都可以通过单击左侧悬浮导航条中的菜单项跳转到对应的商品专区。

图 6-87　悬浮导航条

2. 淘宝首页的制作技巧

　　网店美工在制作淘宝首页时，应从消费者的角度进行思考。当消费者浏览一个网店时，精致的海报或画面会直接吸引消费者的注意力，使其对商品产生购买欲望和冲动。此外，对页面中的优惠券、商品展示等栏目都要充分利用，从每一个细小的资源出发，创造出最大化的利润价值。

CHAPTER

07

制作PC端商品详情页

小美发现，虽然她制作的首页吸引了很多自然流量，但是消费者进入商品详情页后的转化率却很低。于是，她将这一发现报备给了公司领导，领导针对小美提出的问题进行了求证和分析，发现是商品详情页没有很好地展现出商品的特点，导致消费者失去继续浏览的兴趣。在总结了经验教训后，小美重新制作了商品详情页。通过小美的不懈努力，网店的成交量有了很大的提高。

由此可见，商品详情页的好坏直接影响着成交量。为了让商品展示效果更具吸引力，需要将商品展示的重点放在商品详情页上。

案例导入

学习目标

* 认识商品详情页
* 掌握焦点图的制作方法
* 掌握卖点图的制作方法
* 掌握信息展示图的制作方法
* 掌握细节图的制作方法

案例展示

焦点图　　　　　　　　　　　　　　　信息展示图

7.1 认识商品详情页

商品详情页是影响网店转化率的重要因素之一。从某种程度上说，商品详情页相当于虚拟销售员，通过图片、文字、视频等形式有逻辑地向消费者推荐商品，使消费者更好地了解商品，从而激发消费者的购买欲望。下面分别对商品详情页的制作要点、制作思路及准备工作进行介绍。

↘ 7.1.1 商品详情页的制作要点

商品详情页模块需要根据商品特点进行策划。对于标准化商品，如数码产品等，消费者大多是基于理性购买，关注的重点多为商品功能，此时就应涉及细节展示、商品参数、功能展示等模块；对于非标准化商品，如女装、手包、珠宝饰品等，消费者更多的是基于冲动性购买，此时商品的展示、场景的烘托等就显得尤为重要。总之，商品详情页的内容要引起消费者的兴趣，因而在制作时需要把握以下 3 点。

- **引起兴趣、激发潜在需求**：商品详情页可以利用创意性的焦点图来引发消费者兴趣，如商品的销量优势、商品的功能特点、商品的目标消费人群等，以激发消费者的潜在需求，图 7-1 所示为通过方便携带、高防晒值来激发消费者的兴趣和需求。
- **赢得消费者信任**：赢得消费者信任可从商品细节介绍、消费者痛点挖掘、同类商品对比、第三方评价、品牌附加值、消费者情感等方面入手。图 7-2 所示为通过商品的成分介绍赢得消费者信任。

图 7-1　通过卖点激发潜在需求

图 7-2　通过商品成分介绍赢得消费者信任

● **促进消费者下单**：通过突出数量有限、库存紧张、欲购从速等信息促使犹豫不决的消费者快速下单。若消费者浏览完整个商品详情页后仍然没有下单，可通过推荐模块对关联商品进行推荐。图 7-3 所示的商品详情页就是通过"6·18"的促销信息促使消费者下单。

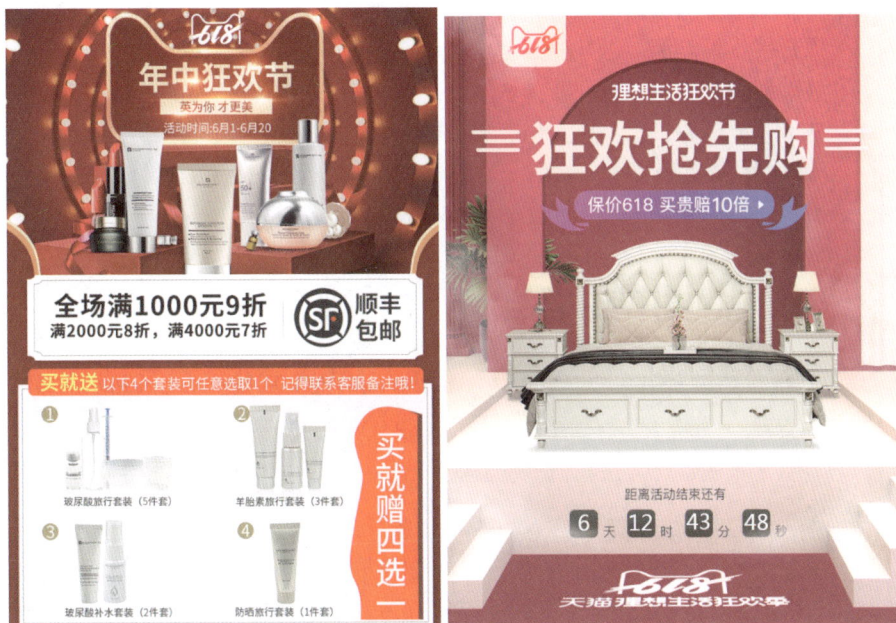

图 7-3　通过促销信息促使消费者下单

↘ 7.1.2　商品详情页的制作思路及准备工作

　　商品详情页是商品展示的重中之重。网店美工在制作时要注意，商品详情页的内容不是要简单地告诉消费者商品如何使用，而是要说明该商品在什么情况下使用会产生怎样的效果。商品详情页是提高转化率的关键性因素，好的描述内容不但能激发消费者的消费欲望，增强消费者对网店的信任感，还能消除消费者的疑虑，促使消费者下单。下面通过 6 个步骤来介绍商品详情页的制作思路及准备工作。

● **商品定位**：不同的商品有不同的定位，网店美工可根据商品定位来设计需要表现的商品内容。如经营皮草的网店，需将皮草的质感、大气和优雅的气质表现出来，因为皮草属于高端商品。

● **制作商品详情页应以商品本身为前提**：商品详情页主要用于商品细节和使用效果的展示，需要与商品标题以及主图契合，真实地展现商品的信息。由于销售中起决定性作用的多为商品本身，所以在制作商品详情页时不能只在乎图片的效果而忽略商品本身的价值。

● **市场调查与分析商品**：市场调查是掌握商品行情的基础。制作商品详情页前，需进行市场调查、同行业调查和消费者调查等。通过调查结果分析同行的优缺点，自身商品的定位和卖点、消费者人群的消费能力和喜好，以及消费者购买商品时所关注的问题等。

● **挖掘商品卖点：** 所谓商品卖点，即商品拥有的独一无二的特色。每款商品因为其功能不同，需要展现的卖点也有所不同。商品卖点越清晰诱人，越能够提升转化率。例如，某个经营键盘膜的商家将键盘膜"薄"的特点作为商品的最大卖点，并通过"最薄的键盘膜"文案，让自家的商品从众多同类型商品中脱颖而出，从而使销量和评分大增。

● **制作商品详情页：** 根据前面提炼出的卖点和所做的定位，准备设计素材、文案、用色、字体等，并开始商品详情页的制作。

7.2 焦点图的制作

商品详情页的焦点图一般位于商品基础信息的下方，是为推广该款商品而设计的海报。它由商品、主题与卖点 3 个部分组成，其作用是吸引消费者购买该商品，其制作方法与首页海报的设计方法相似。下面对焦点图的设计要点和制作方法进行介绍。

↘ 7.2.1 焦点图的设计要点

焦点图就是商品详情页的第一张主形象图，也是该款商品留给消费者的第一印象。在设计商品详情页焦点图时，可以结合以下 4 个切入点来打造具有吸引力的视觉画面，如图 7-4 所示。

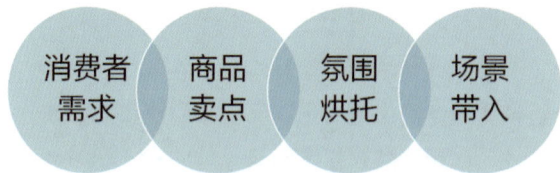

图 7-4 商品详情页焦点图的设计切入点

图 7-5 所示为一款旅行箱的焦点图，其绚丽多姿的色彩让人无限遐想到的画面，无一不贴合了商品的消费人群。图 7-6 所示为一款抽油烟机的焦点图，该图直观展示了抽油烟机超强净烟的能力，同时配以文案"吸油烟 呼新鲜"再次强调商品卖点，以加深消费者的印象。

图 7-7 所示为一款游戏笔记本的焦点图，该图通过热血霸气的游戏场景与商品相结合，使画面更具视觉冲击力，也更容易赢得玩家消费者的关注与好感。图 7-8 所示为两款床上用品的焦点图，这两张图分别为极具温馨感的场景和梦幻色彩的场景，给消费者带来了内心的愉悦，增加了消费者对商品的好感及购买欲望。

图7-5 以消费者需求为设计切入点

图7-6 以商品卖点为设计切入点

图7-7 以氛围烘托为设计切入点

图7-8 以场景带入为设计切入点

从以上几张焦点图中可以发现，商品详情页焦点图与首页海报的不同之处在于，焦点图的主题是商品展示，具体就是通过略微夸张的表现方式，呈现商品整体形象及主要卖点或商品理念，以极具视觉冲击力的画面吸引消费者的视线，给消费者带来视觉愉悦感，以增强消费者继续浏览商品的兴趣。焦点图中的视觉组成包含文案、背景、商品图片或模特，网店美工在设计时应注意以下几点。

- 由于详情页页面的宽度有限，焦点图的画面一般应为上下构图。
- 焦点图中最好只有一个商品主体，商品主体要呈现在画面中的焦点位置。

若有其他装饰物，则应尽量减小装饰物所占用的空间，以免模糊主体。

● 焦点图中的文案要以展示商品特点为主，主要包括标题和描述性文案。标题文案的内容应尽量简短、干练，字体要大且有创意，以辅助展示商品特点并吸引消费者视线。描述性文案的内容可稍多一些，注意文字不要遮挡画面中的视觉元素，一般位于页面顶部、侧面或底部。

↘ 7.2.2 制作焦点图

本例制作以芒果为主体的焦点图。在制作时，需要先构建焦点图的背景。这里以黄色为主色调，添加新鲜的芒果，让整个画面充满清新自然感，再添加说明性文字，使其更加美观，进而提升商品的吸引力。其具体操作如下。

（1）新建大小为"750 像素 ×1000 像素"，分辨率为"72 像素 / 英寸"，名称为"芒果焦点图"的文件。

（2）选择"钢笔工具" ⬚，在工具属性栏中设置"工具模式"为"形状"，再设置"填充"为"#f5d559"，在新建文件中绘制图 7-9 所示的形状。

（3）双击形状图层右侧，打开"图层样式"对话框，勾选"渐变叠加"复选框，设置"渐变、角度"分别为"#f4d965 ～ #f4b539、0"，单击 确定 按钮，此时可发现所绘制形状的颜色发生变化，效果如图 7-10 所示。

（4）打开"焦点图素材 .psd"素材文件(配套资源 :\素材文件\第 7 章\焦点图素材 .psd)，将其拖曳到"芒果焦点图"文件中，调整其大小和位置，效果如图 7-11 所示。

| 图 7-9 绘制形状 | 图 7-10 添加渐变叠加 | 图 7-11 添加素材 |

（5）选择"芒果"所在图层，按【Ctrl+J】组合键复制图层，在"设置图层的混合模式"下拉列表中选择"滤色"选项，为文件添加滤色效果，如图 7-12 所示。

（6）在"图层 1"图层的下方新建图层，设置"前景色"为"#a24a33"，选择"画笔工具" ⬚，在工具属性栏中设置"画笔样式"为"柔边圆"，然后在芒果的下面进行涂抹，为其添加投影，效果如图 7-13 所示。

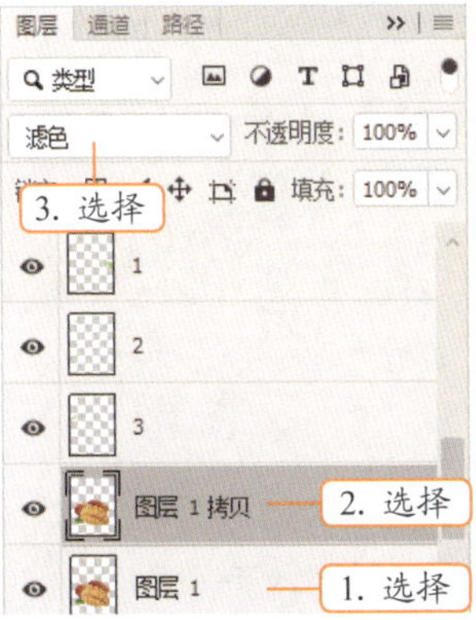

图 7-12　设置图层的混合模式

图 7-13　添加投影

（7）新建图层，设置"前景色"为"#dc6f13"，选择"画笔工具" ，在工具属性栏中设置"画笔样式、大小"分别为"喷溅27像素、67像素"，然后在芒果上方进行涂抹以制作横条，如图 7-14 所示。

（8）选择"横排文字工具" ，在工具属性栏中设置"字体"为"华康海报体w12"、"文本颜色"为"#ffffff"，输入图 7-15 所示的文字，调整字体的大小与位置。

（9）双击"芒芒果海遇见你"图层，打开"图层样式"对话框，勾选"描边"复选框，在右侧的面板中设置"大小、颜色"分别为"12、#8fa626"，单击 确定 按钮，查看添加描边后的效果，如图 7-16 所示。

图 7-14　制作横条

图 7-15　输入文字

（10）再次选择"横排文字工具" ，在工具属性栏中设置"字体"为"华康海报体w12"、"字体大小"为"30点"，输入"甜蜜多汁 细腻滑嫩 皮薄核小"文字，调整字体的位置和颜色，效果如图 7-17 所示。

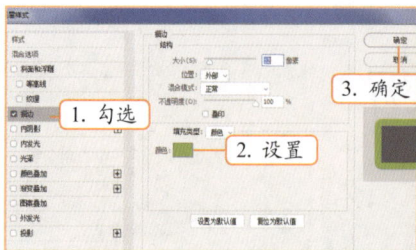

图 7-16 添加描边

图 7-17 输入其他文字

（11）在工具属性栏中，单击"创建文字变形"按钮 ，打开"变形文字"对话框，在"样式"下拉列表中选择"拱形"选项，设置"弯曲、垂直扭曲"分别为"+41、-2"，单击 确定 按钮，完成后可发现文字发生变形，效果如图 7-18 所示。

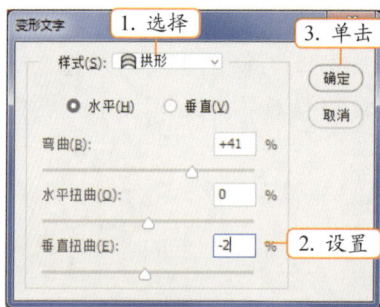

图 7-18 变形文字

（12）新建图层，将"前景色"设置为"#ffe152"，在工具箱中选择"钢笔工具" ，在焦点图文件下方绘制图 7-19 所示的形状，按【Ctrl+Enter】组合键将路径转换为选区，再按【Alt+Delete】组合键填充选区。

（13）打开"图层"面板，选择形状所在图层，单击"添加图层蒙版"按钮 ，选择"画笔工具" ，在工具属性栏中设置"画笔样式、大小"分别为"干画笔尖浅描、150 像素"，然后在焦点图文件最下方的形状上拖曳以制作斑点效果，如图 7-20 所示。

（14）选择"横排文字工具" ，在工具属性栏中设置"字体"为"经典细宋简"、"文本颜色"为"#f5bb40"，在芒果下方输入"HAINAN MANGO"文字，调整字体的大小和位置，效果如图 7-21 所示。

（15）打开"调整"面板，单击"色阶"按钮 ，打开"色阶"属性面板，设置色阶值为"30、0.80、240"。

（16）按【Ctrl+S】组合键保存文件，完成后的效果图如图 7-22 所示（配套资源 :\ 效果文件 \ 第 7 章 \ 芒果焦点图 .psd）。

图 7-19　绘制形状

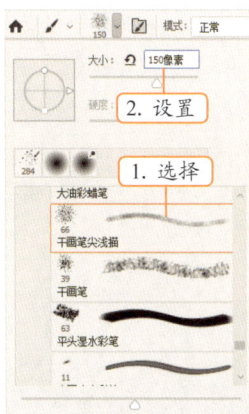

图 7-20　添加图层蒙版并制作斑点

图 7-21　输入文字

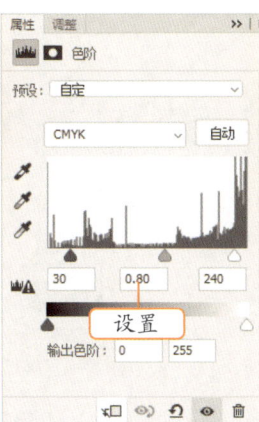

图 7-22　设置色阶值及完成后的效果图

7.3　卖点图的制作

商品的卖点可以理解为商品所具备的别出心裁、与众不同的特点。通过卖点图可让消费者对商品的样式有基本的了解，并通过展示效果让消费者产生继续浏览的兴趣。下面分别对卖点图的制作要点以及制作方法进行介绍。

↘ 7.3.1　卖点图的制作要点

所谓卖点，就是在商品的材质、款式、功能及外观中能够提升消费者对商品价值和效用认知的特点。由于焦点图的作用，消费者对该商品产生了一定的兴趣。接下来，网店美工就要在充分了解并熟悉卖点的前提下，进行卖点视觉化。

卖点视觉化的主要设计原则是图文搭配，即以简明扼要的文案说明商品卖点，同时配以惟妙惟肖的商品图片，以增强消费者对商品卖点的切身感受。卖点视觉化的重点是将卖点说清楚，注意不要使用太过夸张的手法进行渲染，以免造成卖点模糊，影响消费者对商品的认知。图7-23所示的卖点图就是通过简单的文字说明，辅以图片布局来表现洗衣机的除菌功能。

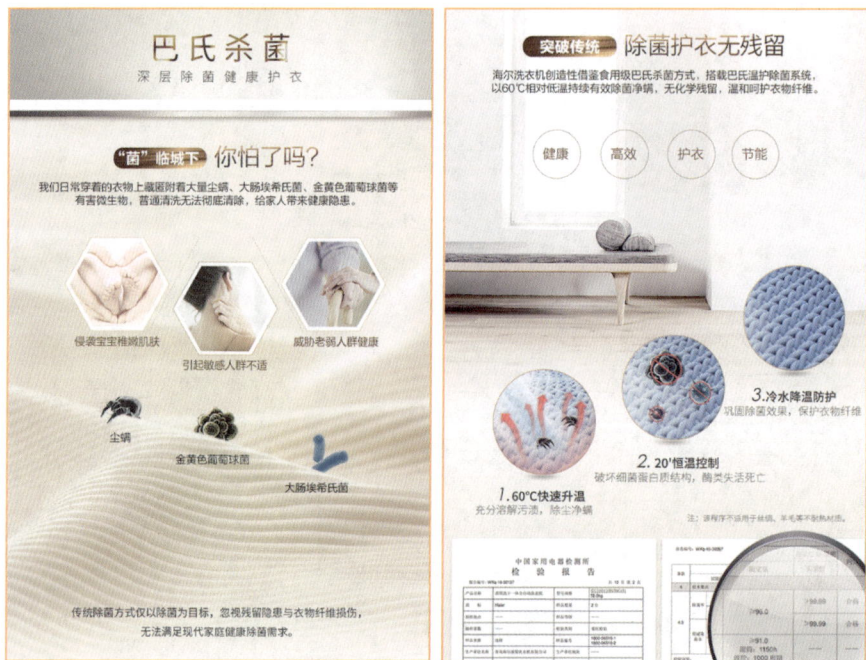

图7-23　卖点图的视觉展现

　　商品卖点并不是单一的，当有多个卖点时，还要将其连续展现在画面中，并保持各卖点之间的联系。网店美工可以通过指向性设计元素，如具有顺序的数字、箭头，相同的画面构图，文字之间的关联等方法来组合多个卖点，以加强商品详情页前后文之间的逻辑关联，提升消费者的浏览体验。

知识补充

卖点图制作的注意事项

　　由于商品详情页的内容较多，页面较长，消费者在浏览时一般会通过滑动鼠标滚轮的方式查看，因此建议卖点图不要制作得太长，一屏内最好是能够完整容纳一个卖点图，并显示出下一个卖点内容，以便更好地呈现出卖点内容之间的逻辑关联。

↘ 7.3.2　制作卖点图

　　本例将制作芒果的卖点图，先制作标题栏，再通过相关图片体现出芒果多汁、美味、新鲜等卖点，吸引消费者继续浏览，从而促使其下单。其具体操作如下。

（1）新建大小为"750像素×5000像素"，分辨率为"72像素/英寸"，名称为"芒果卖点图"的文件。

（2）打开"卖点图素材.psd"素材文件（配套资源:\素材文件\第7章\卖点图素材.psd），将其中的芒果矢量图拖曳到"芒果卖点图"文件的左上角，调整其大小和位置。

微课视频

制作卖点图

（3）选择"横排文字工具" T，在芒果的左侧输入图7-24所示的文字，选择"贵妃芒"文字，设置"字体"为"汉仪秀英体简"、"文本颜色"为"#d36c19"。选择其他文字，设置"字体"为"汉仪细行楷简"，调整字体的大小和位置。

（4）选择"直线工具"，在"贵妃芒"文字的右侧绘制直线，设置"填充"为"#d36d19"，调整直线的大小，完成标题栏的制作。

图7-24　制作标题栏

（5）新建图层，将"前景色"设置为"#e7ab17"，在工具箱中选择"钢笔工具"，在标题栏下方绘制图7-25所示的形状，按【Ctrl+Enter】组合键将路径转换为选区，再按【Alt+Delete】组合键填充选区。

（6）在打开的"卖点图素材.psd"素材文件中，选择"图层2"图层，将其拖曳到所绘制的形状中，调整其大小和位置。

（7）双击"图层2"图层所在图层，打开"图层样式"对话框，勾选"描边"复选框，设置"大小、颜色"分别为"7、#ffffff"，单击 确定 按钮，效果如图7-26所示。

图7-25　绘制形状并添加素材　　　　图7-26　添加描边

（8）选择"椭圆工具"，在图片的左上角绘制"110像素×110像素"的正圆，并设置"填充"为"#f7bfa3"。

（9）按【Ctrl+J】组合键复制图层，再次选择"椭圆工具" ⚪ ，在工具属性栏中取消填充，设置"描边"为"#d36d19、1 点"，在"描边选项"下拉列表中选择第二种选项，此时可发现复制后的形状发生变化，按【Ctrl+T】组合键，使描边后的形状缩小显示。

（10）选择"横排文字工具" **T.** ，设置"字体"为"汉仪秀英体简"、"文本颜色"为"#5f4125"，在正圆中输入"果型饱满"文字，调整字体的大小和位置。

（11）选择绘制的正圆和文字，按住【Alt】键向右拖曳复制正圆和文字，并将正圆的颜色修改为"#e4e97e、#cae19f"，完成后修改正圆中的文字，效果如图 7-27 所示。

（12）在打开的"卖点图素材 .psd"素材文件中，选择"图层 3"图层并拖曳到步骤（5）绘制的形状的下方，调整其大小和位置。

（13）选择"横排文字工具" **T.** ，在刚添加的芒果素材的上方输入图 7-28 所示的文字，设置"字体"为"汉仪小麦体简、汉仪细行楷简"，"文本颜色"为"#f1ab54、#e66010、#070202"，调整字体的大小和位置。

（14）选择"矩形工具" ▢ ，在图片的左上角绘制"750 像素 ×2000 像素"的矩形，并设置"填充"为"#dea622"。

图 7-27　绘制正圆并输入文字　　　　　图 7-28　添加其他素材并输入文字

（15）在打开的"卖点图素材 .psd"素材文件中，首先将其他芒果和图标素材依次拖曳到矩形内并调整大小和位置；然后分别对芒果图片添加描边样式，并设置描边大小为"10"。

（16）选择"横排文字工具" **T.** ，在芒果的上方输入图 7-29 所示的文字，设置"字体"为"迷你简粗圆"，调整字体的大小、颜色和位置。

（17）选择"椭圆工具" ⚪ ，在步骤（14）绘制的矩形的下方，绘制"595 像素×595 像素"的正圆，并设置"填充"为"#dea622"。

图7-29　添加芒果的其他素材并输入文字

（18）在打开的"卖点图素材.psd"素材文件中，将"图层9"图层拖曳到圆内，按
【Ctrl+Alt+G】组合键创建剪贴蒙版，并将树叶素材拖曳到圆的四周。

（19）选择"横排文字工具" T ，在圆的上方输入图7-30所示的文字，设置"字体"
为"迷你简粗圆"，调整字体的大小、颜色和位置。

（20）按【Ctrl+S】组合键保存文件，查看完成后的效果图如图7-30所示（配套资源:\效
果文件\第7章\芒果卖点图.psd）。

图7-30　完成后的效果图

7.4 信息展示图的制作

卖点图的展示虽然可以使消费者更直观地查看商品，但如材质、硬度、品质和厚薄等一些具体参数还需要通过信息展示图来呈现，通过为商品添加参数说明，让消费者对商品有更直观的了解。下面分别对信息展示图的设计要点和制作方法进行介绍。

↘ 7.4.1 信息展示图的设计要点

信息展示图的表达方式多种多样，网店美工可以根据商品参数的多少与商品的特征灵活设计。常用的商品参数表达方式有以下 4 种。

- **商品参数的直接输入：** 自由排列输入的商品参数，一般需要使用文本框来统一文本的行间距。
- **通栏排参数：** 使用文本框直接输入参数，通过添加形状或线条来修饰参数模块；使用商品参数表输入参数，商品参数表可以比较全面地反映出商品的特性、功能和规格等，因而在尺码展示方面应用尤为广泛。
- **商品参数与商品图片的自由组合：** 可以直接将商品参数输入到同一张商品图片中，也可以将商品参数细化到不同的商品图片中进行展示。
- **参数与商品两栏排：** 当商品参数比较少时，可通过左表右图或左图右表的方式设计商品参数模块。对于有尺寸规格的商品，还可在商品图片上添加尺寸标注。

↘ 7.4.2 制作信息展示图

本例将制作芒果的信息展示图。在制作时，沿用展示图的主色，通过图片和参数的展示，让芒果的基本信息得以展现，再通过童趣性的描述，让展现内容全面且更具吸引力。其具体操作如下。

微课视频

制作信息展示图

（1）新建大小为"750 像素 ×5000 像素"，分辨率为"72 像素 / 英寸"，名称为"芒果信息展示图"的文件。

（2）新建图层，将"前景色"设置为"#e7ab17"，在工具箱中选择"钢笔工具" ⬥，在"芒果信息展示图"文件中绘制图 7-31 所示的形状，按【Ctrl+Enter】组合键将路径转换为选区，再按【Alt+Delete】组合键填充选区。

（3）打开"信息展示图素材 .psd"素材文件（配套资源 :\ 素材文件 \ 第 7 章 \ 信息展示图素材 .psd），将其中的圆形芒果素材拖曳到绘制的形状内，调整其大小和位置。

（4）选择"横排文字工具" Ｔ，在芒果的左侧输入图 7-32 所示的文字，设置"字体"为"汉仪粗圆简"，调整字体的大小、行距、字距和位置。

（5）选择"直线工具" ⟋，在文字的下方绘制颜色为"#ffffff"的直线。

（6）选择"自定形状工具" ，在工具属性栏中设置"填充"为"#ffffff"，在"形状"下拉列表中选择"会话3"选项，然后在芒果的右上角绘制选择的形状。

（7）选择"横排文字工具" ，在形状内输入"产品介绍"文字，设置"字体"为"汉仪粗圆简"、"文本颜色"为"#e7ab17"，调整字体的大小、行距、字距和位置，效果如图 7-33 所示。

图 7-31　绘制形状并添加芒果

图 7-32　输入文字并绘制直线

（8）选择"矩形工具" ，在形状的下方绘制"450像素×60像素"的矩形，并设置"填充"为"#dea722"。

（9）再次选择"矩形工具" ，在步骤（8）绘制的形状下方绘制"210像素×170像素"的矩形，并设置"填充、描边"为"#dea722、#ffffff、3 点"，在"描边选项"下拉列表中选择第二种描边样式，完成后按住【Alt】键向右拖曳，复制矩形。

（10）选择"横排文字工具" ，在步骤（8）绘制的形状内输入"一只会爆汁的芒果"文字，设置"字体"为"汉仪小麦体简"、"文本颜色"为"#ffffff"，调整字体的大小、行距、字距和位置，完成后使文字和矩形倾斜显示，效果如图 7-34 所示。

图 7-33　绘制形状并输入文字

图 7-34　绘制矩形并输入文字

（11）选择"横排文字工具" T.，输入图 7-35 所示的文字，设置"字体"为"汉仪粗圆简"、"文本颜色"分别为"#4e4f4f、#ffffff、#f1b003"，调整字体的大小、行距、字距和位置。

（12）在打开的"信息展示图素材 .psd"素材文件中，将标志素材依次拖曳到最下方的文字前，调整其大小和位置。

（13）选择"直线工具" /，在文字的下方绘制颜色为"#dea722"的直线。

（14）按【Ctrl+S】组合键保存文件，完成后的效果图如图 7-36 所示（配套资源 :\ 效果文件 \ 第 7 章 \ 芒果信息展示图 .psd）。

图 7-35　输入文字　　　　　图 7-36　完成后的效果图

7.5　细节图的制作

　　一张表述明确的主图能够起到抛砖引玉的作用，使消费者进入商品详情页后继续浏览。而要想留住消费者并成功达成交易，细节图就成了关键性因素。细节图是一组展示商品细节的图片，能够让消费者对商品本身的品质有近距离的感受。下面分别对细节图的制作要点和制作方法进行介绍。

↘7.5.1　细节图的制作要点

　　商品和服务的细节都是影响消费者购买的重要因素。因此在制作细节图时，要多多揣摩消费者的心理，争取在细节方面将其征服。细节内容的表现形式很丰富，可以通过功能说明细节图、工艺细节图、服务说明图等进行展示。

- **功能说明细节图**：功能说明细节图应避免如说明书般枯燥，在制作时应该以图示讲解为主，切忌将太多功能汇集到一张图片中，因为太过复杂的画面会让消费者失去耐心。图 7-37 所示为典型的功能说明细节图，该细节图通过图片和 GIF 动图结合的方式直观地展示出商品的特点，更加生动形象。

- **工艺细节图**：工艺细节主要是指商品的材质或工艺造型方面的细节。在展示工艺细节时，需要给消费者以强大的视觉冲击力和满足感，而使用局部放大的方式会让商品显得更有质感。文案方面则需要更加精简，不宜赘述。工艺细节的展示要尽量保证所描述商品细节部分处于画面的中心，并且主次有序，切记不要在一个画面中描述多个细节，这样会导致细节不突出，缺少质感，使画面显得很凌乱。最后还要注意图片的品质，不要因为图片像素过低而在局部进行放大，导致图片模糊。图 7-38 所示为典型的工艺细节图。

- **服务说明细节图**：服务一般包含包装服务、运输服务和售后服务，运输服务涉及包装和物流，对于一些易碎品，消费者会更加关注包装安全的问题。因此在设计时加入商品快递、运输服务的图片与说明，以及售后服务的类型、退换货承诺、时效承诺、延保服务等可在一定程度上消除消费者的顾虑。图 7-39 所示为典型的服务说明细节图。

图 7-37　功能说明细节图　　　图 7-38　工艺细节图　　　图 7-39　服务说明细节图

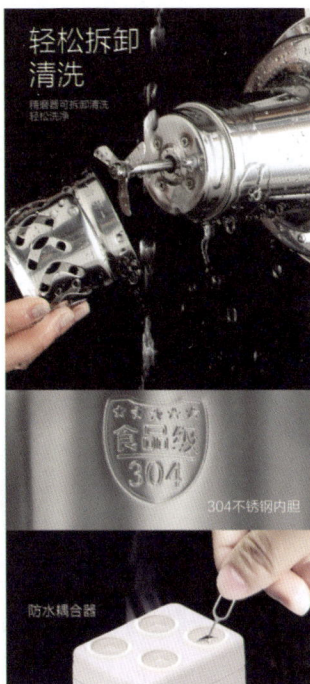

↘ 7.5.2 制作细节图

本例将制作芒果的细节图。在制作时，先展现芒果果园的情况，充分体现生产细节，再对芒果的吃法和催熟方法进行展现，让消费者看到芒果的品质，从而对网店更信任。其具体操作如下。

（1）新建大小为"1920×4200像素"，分辨率为"72像素/英寸"，名称为"芒果细节图"的文件。

（2）打开"细节图素材.psd"素材文件（配套资源:\素材文件\第7章\细节图素材.psd），将其中的"图层1～图层4"图层拖曳到"芒果细节图"文件中，调整其大小和位置。

（3）选择"圆角矩形工具" ◻，在第二张图片的上方绘制"455像素×45像素"的圆角矩形，并设置"填充"为"#ea6e35"，按住【Alt】键向下拖曳复制圆角矩形。

（4）选择"横排文字工具" T，在圆角矩形的上方和内部输入图7-40所示的文字，设置"字体"为"汉仪粗圆简"，"文本颜色"为"#ea6e35、#453636、#ffffff"，调整字体的大小、行距、字距和位置。

（5）选择"直线工具" ∕，在"天然山泉水灌溉"文字的上、下文字区域绘制颜色为"#463636"的直线。

（6）选择"矩形工具" ◻，在最后一张图片的下方绘制"750像素×1290像素"的矩形，并设置"填充"为"#dea722"。

（7）选择"横排文字工具" T，在矩形的上方和内部输入图7-41所示的文字，设置"字体"为"汉仪粗圆简"，"文本颜色"为"#ea6e35、#ffffff"，调整字体的大小、行距、字距和位置。

（8）打开"细节图素材.psd"素材文件，将其中的生果和熟果素材拖曳到矩形内，调整其大小和位置。

（9）选择"圆角矩形工具" ◻，在"生果"文字下方绘制"90像素×45像素"的圆角矩形，并设置"填充"为"#ffffff"，按住【Alt】键向右拖曳复制圆角矩形到"熟果"文字下方。

（10）选择"自定形状工具" ⋩，在工具属性栏中设置"填充"为"#c9d0be"，首先在"形状"下拉列表中选择"箭头6"选项，然后在芒果的中间区域绘制选择的形状，效果如图7-42所示。

（11）打开"细节图素材.psd"素材文件，将其中的"图层5～图层9"图层拖曳到步骤（6）绘制的矩形下方，调整其大小和位置。

（12）选择"圆角矩形工具" ◻，在催熟方法图片的上方绘制"455像素×45像素"的圆角矩形，并设置"填充"为"#ea6e35"，按住【Alt】键向下拖曳复制圆角矩形。

图 7-40　制作图片并输入文字

图7-41　绘制矩形并输入文字

图7-42　绘制箭头并添加芒果素材

（13）选择"横排文字工具" T ，在圆角矩形内输入图 7-43 所示的文字，设置"字体"
　　　 为"汉仪粗圆简"、"文本颜色"为"#ffffff"，调整字体的大小和位置。

（14）选择"矩形工具" □ ，在芒果吃法图片的下方绘制"750像素 × 290像素"的矩形，并设置"填充"为"#dea722"。

（15）选择"横排文字工具" **T.**，在矩形内输入图 7-44 所示的文字，设置"字体"为"汉仪粗圆简"、"文本颜色"为"#ffffff"，调整字体的大小、行距、字距和位置。打开"细节图素材 .psd"素材文件，将芒果分辨图拖曳到矩形内，调整其大小和位置。

（16）按【Ctrl+S】组合键，保存文件，完成细节图的制作（配套资源 :\ 效果文件 \ 第7章 \ 芒果细节图 .psd）。

图7-43 制作催熟效果

图7-44 制作其他效果

知识补充

其他板块的制作

除了前面讲解的各个板块外，网店美工还可制作关联商品、品牌故事和售后等板块，其制作方法基本相同。本例中由于芒果属于水果类商品，将商品详情页的重点放在展示商品本身即可，因此不必再制作其他板块。

课堂实训——制作女包的商品详情页

实训目标

本实训将根据提供的素材文件（配套资源 :\ 素材文件 \ 第7章 \ 女包素材 .psd）制作女包的商品详情页。女包的商品详情页可划分为焦点图、信息展示图、卖点图和细节图4个部分，每个部分都在遵循商品时尚简约风格的基础上进行设计。效果如图7-45 所示（配套资源 :\ 效果文件 \ 第7章 \ 女包商品详情页 .psd）。

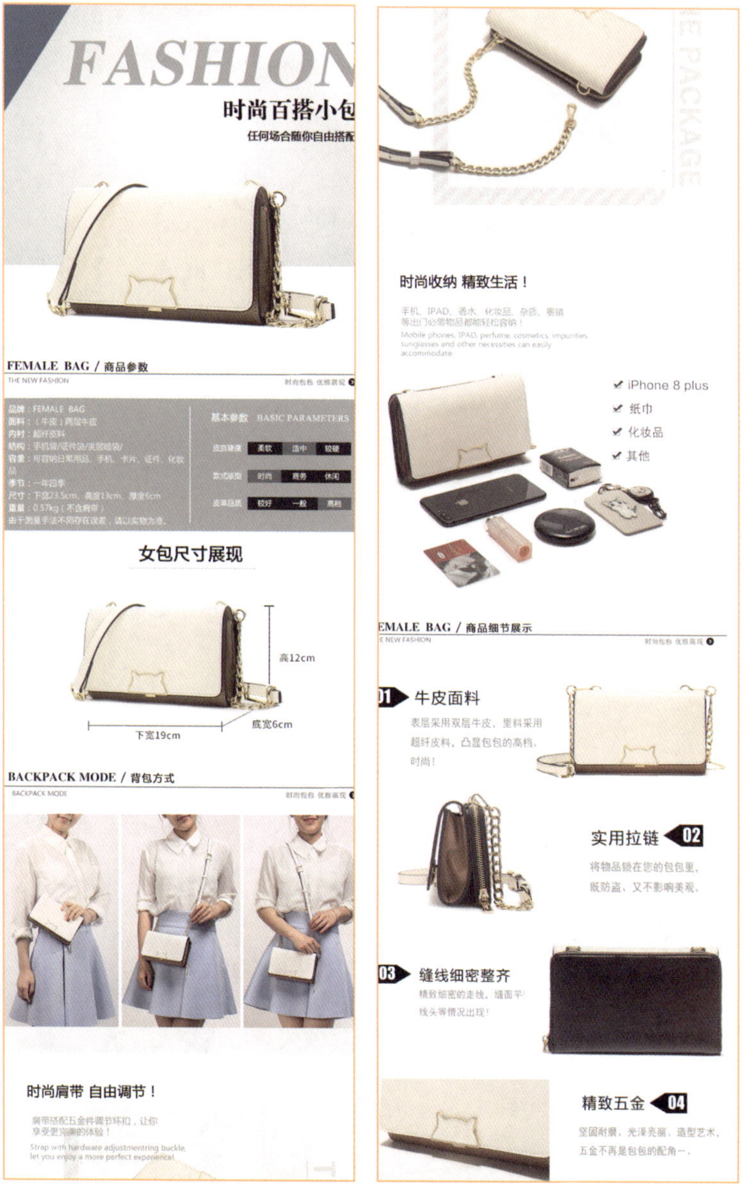

图7-45　女包商品详情页的效果图

实训思路

　　根据实训目标，需要分别制作焦点图、信息展示图、卖点图和细节图4个部分。

（1）定位商品详情页风格。在遵循商品详情页页面逻辑结构的基础上，结合商品时尚简约的特点，以简洁、大方的设计风格为主。在颜色的选择上白色作为主色，以商品中的灰色作为辅色，以黑色、橙色等作为点缀色。

（2）商品焦点图视觉设计。以中心构图为主，在画面中心放置商品正面白底图作为焦点，以浅灰色作为背景，再在商品上方添加商品文案卖点，并搭配几何图形、配饰等设计元素，以丰富画面。

（3）商品信息展示图视觉设计。先用两栏排列的方式设计参数，通过浅色文字和深色底纹的搭配来突出商品信息，吸引消费者的注意力，再通过标注商品尺寸来明确商品的大小，给消费者以最直观的视觉感受。

（4）商品卖点图视觉设计。先以模特实拍图展现商品搭配效果，再分两栏展示商品卖点。每一个卖点都以商品大图搭配简洁的说明性文案为主。

（5）商品细节图视觉设计。以左文右图、左图右文间隔搭配的方式展示商品细节，多个细节内容之间以三角形标识和顺序数字来引导消费者浏览。

课后练习——制作开心果的商品详情页

本练习将通过提供的素材文件（配套资源:\素材文件\第7章\开心果详情页素材）制作开心果的商品详情页，完成后的效果图如图7-46所示（配套资源:\效果文件\第7章\开心果商品详情页.psd）。

图7-46 开心果商品详情页的效果图

拓展知识

1. 消费者浏览详情页的心理动机

不同消费者的购物心态也不同，他们在详情页中可以获得的信息也因其购物心理的不同而有所差异。一般来说，可以分为以下 3 种情况。

- **好奇心理**：好奇心旺盛的消费者容易被商品主图、广告图或优惠的价格吸引，从而进入商品详情页浏览商品信息。他们一般没有明确的购物计划，只是抱着随便逛逛的心理，但这种行为反映的是他们未来的购物倾向。因此，只要商品详情页页面设计美观，介绍逻辑清晰、卖点突出，就会在这类消费者心中留下深刻印象，使其成为潜在客户。

- **比较心理**：喜欢货比三家的消费者在选购商品时，常常会在多个同类型的商品中进行比较，挑选价格适中、性价比较高的商品。针对这一类型的消费者，在设计详情页时就要考虑到同价位竞品的卖点、差评等，以突出差异化，展现出高于竞品的优势，从而获得他们的青睐。

- **匹配心理**：具有强烈购物意向的消费者进入商品详情页的目的是获得更多的信息以辅助其挑选款式、尺码，并获得最终的信任感。针对这一类型的消费者在设计详情页时，就要更多地展示商品的质量、款式、尺码及售后服务等内容。

2. 不同类型商品详情页的设计重点

在设计商品详情页时，商家往往会通过各种方式来刺激消费者的购买欲望，如宣传品牌、品质、优化服务、提高性价比、展示差异化优势、展示热销盛况、展示好评等。然而，不同的商品在商品详情页中需要呈现的重点也是有所不同的。下面根据运营状况，将网店中的商品划分为新品、热卖单品、促销商品、常规商品，并对这 4 种不同商品的详情页设计进行重点阐述。

- **新品详情页设计重点**：网店美工在设计新品详情页时，首先要在传达设计理念的同时强调品牌、款式与品质，将新品介绍给消费者；其次要突出商品的特点，以形成商品的差异化优势；最后要对销量低的新品通过新品打折、满减等营销方式积累一定的基础销量。

- **热卖单品详情页设计重点**：热卖单品具有良好的销量，因此在设计其详情页时，首先要突出展示热销盛况、好评，以暗示消费者此商品已被大众认同，从而打消其疑虑。然后通过展示商品优势来佐证其热销的原因，进一步赢得消费者的信任。

- **促销商品详情页设计重点**：网店美工在设计促销商品详情页时，需要突出活动力度，让消费者关注并对其产生兴趣，再通过性价比的优势与功能的介绍吸引消费者下单。

- **常规商品详情页设计重点**：网店美工在设计常规商品详情页时，需要给出消费者以足够的购买理由，通常是展示其优势、功能、性价比，或通过营销活动让消费者产生购买兴趣。

08 制作PC端其他页面

案例导入

　　"11·11"快到了，小美的领导发现有很多网店首页都变成了"11·11"促销内容的活动页面，而自己家网店的首页还是传统内容，根本不具备竞争力。因此，小美的领导让小美快速进行"11·11"活动页的制作。小美先制作了"11·11"活动海报，通过活动时间点的突出显示给消费者带来紧迫感，再依次展现促销商品。领导发现将首页更换为小美制作的活动页后，网店商品成交量有了很大提高，于是将制作圣诞专题页的工作也交给了小美。小美根据"11·11"活动页的制作方法进行了圣诞专题页的制作，也取得了成功。

　　由此可见，除了首页和详情页外，专题页和活动页也很重要，需要根据网店的推广方案来制作。

学习目标

* 掌握专题页的制作方法
* 掌握活动页的制作方法

案例展示

专题页

活动页

8.1 专题页的制作

专题页是利用事件、主题进行策划的页面，有助于对商品进行集中营销，如开学季专题页即利用开学这件事策划的页面。该页面中包含了主题内容和商品内容，不但能吸引消费者的注意力，还能给网店带来流量。下面先讲解专题页的作用，再介绍专题页的分类和制作方法。

↘ 8.1.1 专题页的作用

专题页可以集中输出网店要传达的信息，提高消费者的关注度，促使消费者做出购买决策，进而完成交易。下面从 4 个方面对专题页的作用进行详细介绍。

- **补充、整合大量信息，吸引消费者注意力**：专题页可以根据消费者个性化的需求来补充和整合信息，并将其划分为两个板块，激发消费者对商品的兴趣，从而促进购买。
- **对大型或多个促销活动进行集中展示**：制作专题页常常是为了配合网店开展促销活动，其展现量比较大，点击率也比较高，可以对促销活动起到推进和引导作用。
- **对外展示网店品牌形象和实力**：好的专题页制作可以让消费者体会到商家的良苦用心，产生更多的信任感，有助于网店树立品牌形象，展现自身实力。
- **给网店带来流量，带动网店销售业绩**：专题页展示的商品可以为网店带来流量，从而吸引消费者对该网店内的其他商品进行浏览与购买，提升网店销量。

↘ 8.1.2 专题页的分类

专题页主要可以分为两种，即陈述型专题页和促销型专题页。下面分别进行介绍。

- **陈述型专题页：** 陈述型专题页一般是针对安全要求或价值较高的商品，如药品、护肤品、高档商品等。该类型的专题页展示的内容要能消除消费者对商品的顾虑，同时适当传递商品信息，增加消费者对网店的好感。图 8-1 所示的专题页就通过简洁的陈述性文字和图片来表现商品和整个专题活动，从而促进商品销售。
- **促销型专题页：** 促销型专题页主要通过促销活动来拉近消费者和商品的距离，增加消费者的购买概率。该类型的专题页与后面讲解的活动页类似，只是应用的范围更广，体现的内容更具代表性，因此不能自由设置活动内容。专题页也可能呈现多个网店联合举行的活动，因此可使整个促销内容更具多样性和完整性。图 8-2 所示为中秋节促销型专题页。

↘ 8.1.3 制作圣诞节专题页

制作圣诞节专题页时，需要先确定主题。这里使用圣诞老人、圣诞树以及童话素材来体现圣诞节主题，而下雪夜背景与主题相契合，使整个效果更具有视觉美感，同时在下方添加了商品信息并使其在专题内容中得到体现。其具体操作如下。

（1）制作海报。新建大小为"1920像素 ×5000像素"，分辨率为"72像素/英寸"，名称为"圣诞节专题页"的文件。

图8-1 陈述型专题页

图8-2 促销型专题页

（2）打开"专题页背景.jpg"素材文件(配套资源:\素材文件\第8章\专题页背景.jpg)，将其拖曳到新建文件中，调整其大小和位置。

（3）选择"橡皮擦工具" ，擦除专题页背景图片底部轮廓，使其与背景图层更加统一，如图8-3所示。

（4）选择"矩形工具" ，在图片的下方绘制"1920像素×3800像素"的矩形，并设置"填充"为"#003f63"。

（5）打开"专题页素材.psd"素材文件（配套资源:\素材文件\第8章\专题页素材.psd），将需要的素材依次拖曳到专题文件中，调整其大小和位置，效果如图8-4所示。

图8-3　擦除轮廓　　　　　　图8-4　添加素材

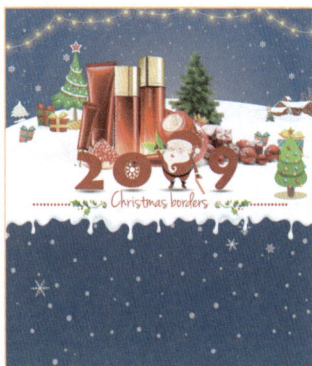

（6）双击"2019"所在图层，打开"图层样式"对话框，勾选"描边"复选框，设置"大小、颜色"分别为"5、#ffffff"，如图8-5所示。

（7）勾选"投影"复选框，设置"颜色、距离、扩展、大小"分别为"#ad1c3d、10、2、20"，单击 确定 按钮，如图8-6所示。

（8）选择"横排文字工具" ，输入图8-7所示的文字，在工具属性栏中设置"字体"为"汉仪雅酷黑W"，"文本颜色"分别为"#ffffff、#f0e8a0、#215b88"，调整字体的大小与位置。

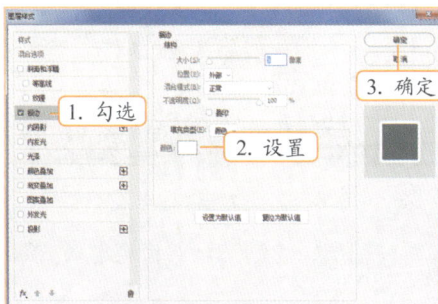

图8-5　设置"描边"参数　　　　　　图8-6　设置"投影"参数

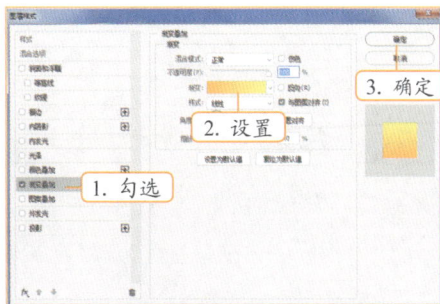

（9）选择"矩形工具" ，在"缤纷圣诞 满就送礼"文字的下方绘制"720像素×75像素"的矩形，并设置"填充"为"#ffffff"。

（10）双击"圣诞特惠"图层，打开"图层样式"对话框，勾选"渐变叠加"复选框，设置"渐变"分别为"#ecdf60、#ffffff、#e8d956"，如图 8-8 所示。

图 8-7　输入文字 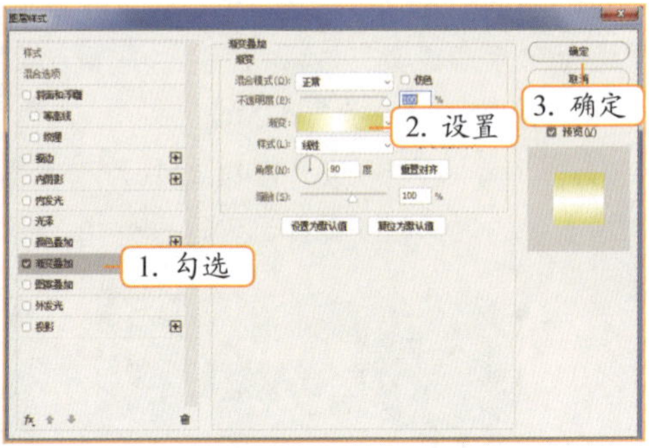　　　　　　　　　图 8-8　设置"渐变叠加"参数

（11）勾选"投影"复选框，设置"颜色、距离、扩展、大小"分别为"#72692a、9、0、3"，单击 确定 按钮，如图 8-9 所示。

（12）在打开的"专题页素材.psd"素材文件中，将小圣诞老人拖曳到"缤纷圣诞 满就送礼"文字的上方，调整其大小和位置。

（13）创建新组并命名为"海报"，然后将制作好的图层拖曳到组中，完成海报的制作，效果如图 8-10 所示。

（14）制作优惠券。新建图层，选择"钢笔工具" 🖊，在海报的下方绘制图 8-11 所示的形状，按【Ctrl+Enter】组合键将其转换为选区，再按【Alt+Delete】组合键填充前景色。

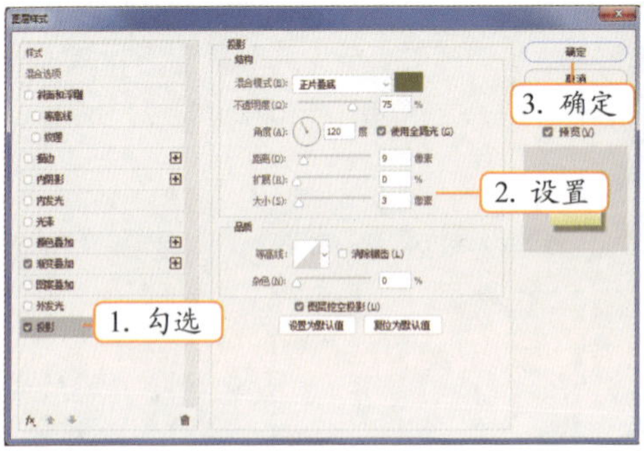

图 8-9　设置"投影"参数 　　　　　　图 8-10　添加小圣诞老人素材

（15）使用相同的方法，在形状的下方再次新建图层，绘制形状并设置"填充"为"#971e23"。

（16）选择绘制的白色形状，按【Ctrl+J】组合键复制图层，再按【Ctrl+T】组合键使其呈可编辑状态，按住【Shift+Alt】组合键，确定右上角的调整点向左拖曳，等比例缩小形状。

（17）打开"图层"面板，按住【Ctrl】键单击缩小后形状所在图层前的缩略图，将形状转换为选区，如图 8-12 所示。

（18）选择【编辑】/【描边】命令，打开"描边"对话框，设置"宽度、颜色"分别为"1、#971e23"，单击 确定 按钮，如图 8-13 所示。

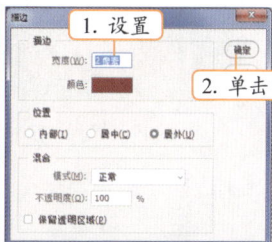

图 8-11　绘制形状　　　图 8-12　将形状转换为选区　　　图 8-13　设置"描边"参数

（19）新建图层，选择"钢笔工具" ✐，在白色形状的下方绘制图 8-14 所示的形状，并设置"填充"为"#6b1317"。

（20）再次新建图层，选择"钢笔工具" ✐，在白色形状的下方绘制图 8-15 所示的形状，并设置"填充"为"#ae1e24"。

（21）选择"椭圆工具" ◯，在形状的右上角绘制"51 像素 ×51 像素"的正圆，并设置"填充"为"#ae1e24"。

（22）选择"圆角矩形工具" ▢，在形状的下方绘制"195 像素 ×60 像素"的圆角矩形，并设置"填充"为"#fefcfc"，如图 8-16 所示。

图 8-14　绘制形状　　　图 8-15　绘制其他形状　　　图 8-16　绘制正圆和圆角矩形

（23）选择"横排文字工具" T，输入图 8-17 所示的文字，在工具属性栏中设置"字体"为"汉仪舒同体简"，"文本颜色"分别为"#ae1e240、#ffffff"，调整字体的大小和位置。

（24）创建新组并命名为"优惠券 1"，然后将制作好的图层拖曳到组中。

（25）按住【Alt】键向右拖曳复制优惠券，并将组名称修改为"优惠券 2"和"优惠券 3"，完成后修改优惠券内容，效果如图 8-18 所示。

图 8-17　输入文字　　　　　　　　　　　图 8-18　完成优惠券的制作

（26）选择"圆角矩形工具" ，在优惠券的下方绘制"120 像素 ×560 像素"的圆角矩形，并设置"填充"为"#ffffff"。

（27）按住【Alt】键向下拖曳复制圆角矩形，完成后的效果如图 8-19 所示。

（28）在打开的"专题页素材 .psd"素材文件中，将需要的素材依次拖曳到圆角矩形内，调整其大小和位置，效果如图 8-20 所示。

图 8-19　绘制圆角矩形　　　　　　　　　图 8-20　添加素材

（29）选择"横排文字工具" ，输入图 8-21 所示的文字，在工具属性栏中设置"字体"为"汉仪粗圆简"，调整字体的大小、颜色和位置。

（30）选择"矩形工具" ，在"清爽控油 乐享肌肤清新之美"文字的下方绘制"460 像素 ×50 像素"的矩形，并设置"填充"为"#ae8a61"。

（31）再次选择"矩形工具" ，在右侧文字的最上方绘制"310 像素 ×8 像素"的矩形，并设置"填充"为"#cc1d1c"。

（32）新建图层，选择"钢笔工具" ，在文字的下方绘制图 8-22 所示的形状，并填充为颜色"#cc1d1c"。

图 8-21　输入文字　　　　　　　　图 8-22　绘制形状

（33）选择"圆角矩形工具"，在形状内绘制"210 像素 ×55 像素"的圆角矩形，并设置"填充"为"#ffffff"。

（34）选择"横排文字工具"，输入图 8-23 所示的文字，在工具属性栏中设置"字体"为"汉仪粗圆简"，调整字体的大小、颜色和位置。

（35）选择"自定形状工具"，设置"填充"为"#cc1d1c"，在"形状"下拉列表中选择"购物车"选项，然后在"立即购买"文字右侧绘制所选择的形状，效果如图 8-24 所示。

图 8-23　输入文字　　　　　　　　图 8-24　绘制形状

（36）选择矩形中的所有文字和形状，打开"图层"面板，单击"链接图层"按钮，然后按住【Alt】键向下拖曳复制文字和形状，并对其中的文字内容进行修改，如图 8-25 所示。

图 8-25　复制并修改文字

（37）按【Ctrl+S】组合键保存文件，完成专题页的制作，效果图如图 8-26 所示（配套资源 :\效果文件 \ 第 8 章 \ 圣诞节专题页 .psd）。

图 8-26　完成后的效果图

8.2　活动页的制作

活动页与促销型专题页类似，是针对网店活动、官方活动所制作的单独页面，主要用于区分参加活动的商品与不参加活动的商品。但需要注意的是，活动页可以是网店活动，也可以是淘宝官方活动，比专题页更具普遍性。

↘ 8.2.1　活动页的主题风格

网店美工根据性质,可以将主题风格分为故事性、娱乐性和利益性3个方面。其中,故事性、利益性主题风格常用于大促活动和网店活动。

1. 故事性

故事性是指通过一个故事或者一个能够贯穿页面的引子（如宝宝的一天、寻宝故事或男神养成记等）为中轴线,结合网店活动内容进行设计和策划。图 8-27 所示的活动页即以梦回童年为主题,描述开学第一天发生的一些趣事。整个页面的色彩与场景都属于卡通风格,加上能够勾起童年回忆的商品,让消费者轻轻松松回忆起学生时代,从而对该商品产生兴趣。

2. 娱乐性

娱乐性是指通过趣味性元素来设计页面或借助恶搞热点事件来提升页面的娱乐性。图 8-28 所示的活动页融合了暑期游乐园玩水的场景元素,消费者在看到该页面时,立即就能感受到活动的氛围与趣味性。

3. 利益性

利益性是指简单明了地通过页面渲染促销商品。网店美工在设计这类页面时,通常会将利益性放在显眼的位置,以烘托促销氛围。这类页面的整体颜色会偏向红黄色这种具有明显促销感的颜色,以增强视觉冲击力,如图 8-29 所示。当然,有些网店不需使用红黄色这种大促色也可以制作出利益性很明确的活动页。图 8-30 所示的活动页就以具有视觉冲击力的促销页面来体现其利益性。

图 8-27　以卡通风格来激发故事性　　图 8-28　以趣味性元素来提升娱乐性

图 8-29　以红色来突出促销感

图 8-30　以具有视觉冲击力的促销页面来体现利益性

知识补充

如何营造活动的紧迫感

　　促销活动的本质是商家在限定时间、数量或平台的情况下，吸引消费者大量、集中地购买商品，因此营造促销的紧张氛围显得尤为重要。网店美工在设计时，可通过突出限制提示和添加引导标签来营造活动的紧迫感。在页面设计中人为地营造各种限制条件，如时间限制、数量限制等，就会快速刺激消费者产生立即购买的心理。在活动页面添加引导标签，如"点击进入""立即购买""加入购物车"等，可以激发消费者的购物行为，促使消费者点击标签进入商品详情页面。

↘ 8.2.2　制作"11·11"活动页

　　本例将制作"11·11"活动页。在设计时，通过紫色和线条以及文案将"11·11"的时尚感和促销感展现出来。在制作时，先以带有神秘气息的紫色作为主色，加上多样的线条，让画面更具时尚感，然后在页面上方添加说明性文字，使活动主题得到体现。完成后，依次添加活动内容和活动商品，让整个画面更加完整。其具体操作如下。

微课视频

制作"11·11"
活动页

（1）制作海报。新建大小为"1920 像素 ×4500 像素"，分辨率为"72 像素 / 英寸"，名称为"11·11"活动页的文件。

（2）将"前景色"设置为"#310075"，按【Alt+Delete】组合键填充前景色。

（3）打开"活动页图片.jpg"素材文件（配套资源:\素材文件\第8章\活动页图片.jpg），将其拖曳到新建文件中，调整其大小和位置，如图 8-31 所示。

（4）在"图层"面板中单击"添加图层蒙版"按钮 □，为活动页图片添加图层蒙版，完成后在工具箱中选择"画笔工具" ✔，在图片下方涂抹使其更加融合，效果如图 8-32 所示。

图 8-31　添加并调整素材

图 8-32　添加图层蒙版效果

（5）按【Ctrl+J】组合键复制图层，打开"图层"面板，设置"设置图层的混合模式"为"正片叠底"，如图 8-33 所示。

（6）打开"线条.psd"素材文件（配套资源:\素材文件\第8章\线条.psd），将其拖曳到活动页文件中，调整其大小和位置。

（7）打开"色彩.psd"素材文件（配套资源:\素材文件\第8章\色彩.psd），将其中的两种色彩拖曳到活动页文件中，调整其大小和位置。

（8）选择灰色的色彩图层，设置图层的混合模式为"颜色减淡"。

（9）选择紫色的色彩图层，设置图层的混合模式为"滤色"，再设置不透明度为"50%"，设置后的效果如图 8-34 所示。

图 8-33　设置图层的混合模式

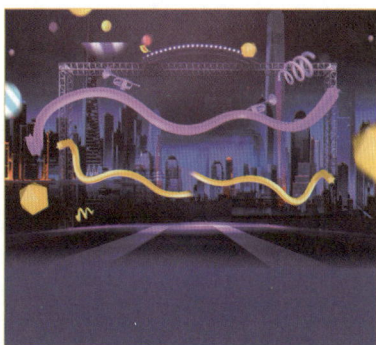

图 8-34　设置后的效果

（10）选择"圆角矩形工具" □，在海报的中间区域绘制"1070 像素 ×330 像素"的圆角矩形。在工具属性栏中单击"填充"按钮 ▉，在打开的下拉列表中单击"渐变"，在下方设置"渐变颜色"为"#430962、#960b8b"，设置渐变后的效果如图 8-35 所示。

（11）打开"图层样式"对话框，勾选"描边"复选框，在右侧面板中设置"大小、位置、渐变、角度"分别为"30、外部、#ffc601～#f03e08、-35"，如图 8-36 所示。

（12）勾选"内阴影"复选框，在右侧面板中设置"角度、距离、阻塞、大小"分别为"45、5、0、24"，单击 确定 按钮，如图 8-37 所示。

（13）打开"灯光 .psd"素材文件（配套资源 :\ 素材文件 \ 第 8 章 \ 灯光 .psd ），将其拖曳到活动页文件中，调整其大小和位置，如图 8-38 所示。

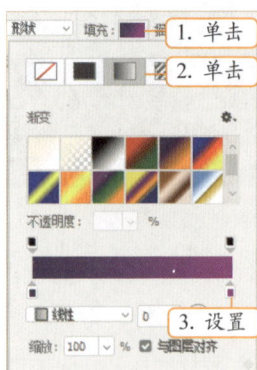

图 8-35　添加渐变效果

（14）选择"圆角矩形工具" ，在灯光中间区域绘制"1050 像素 ×315 像素"的圆角矩形，在工具属性栏中单击"填充"按钮 ，在打开的下拉列表中单击"渐变"，在下方设置"渐变颜色"为"#430962～#bb06ac"，设置渐变后的效果如图 8-39 所示。

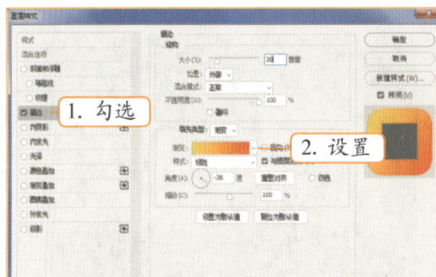

图 8-36　设置"描边"参数　　　　图 8-37　设置"内阴影"参数

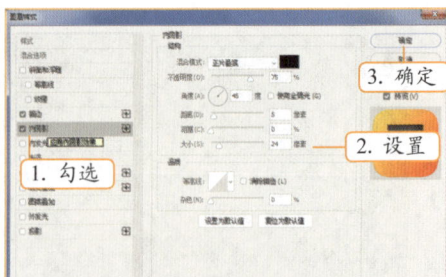

（15）打开"图层样式"对话框，勾选"描边"复选框，在右侧面板中设置"大小、位置、渐变、角度"分别为"10、外部、#eb39e9～#7e0ef0、-38"，如图 8-40 所示。

（16）勾选"内阴影"复选框，在右侧面板中设置"角度、距离、阻塞、大小"分别为"45、5、0、24"，如图 8-41 所示。

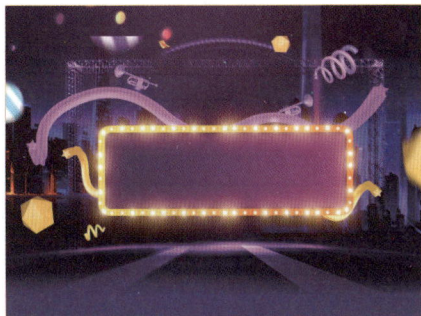

图 8-38 添加灯光

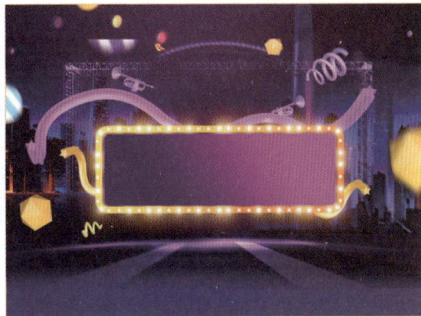

图 8-39 绘制圆角矩形

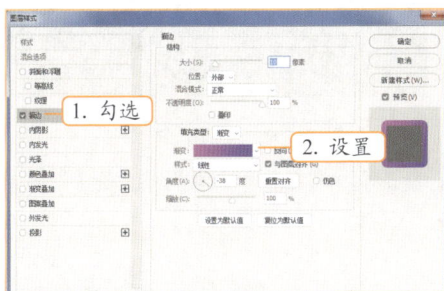

图 8-40 设置"描边"参数

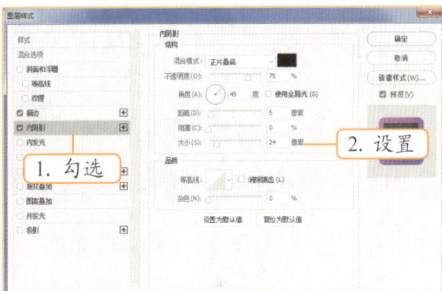

图 8-41 设置"内阴影"参数

（17）勾选"投影"复选框，在右侧面板中设置"距离、扩展、大小"分别为"10、0、10"，单击 确定 按钮，如图 8-42 所示。

（18）打开"圆球素材 .psd"素材文件，将其中的圆球素材拖曳到活动页文件中，调整其大小和位置。

（19）选择"横排文字工具" **T.**，输入"全球狂欢节"文字，在工具属性栏中设置"字体"为"汉仪方叠体简"，调整字体的大小、颜色和位置，效果如图 8-43 所示。

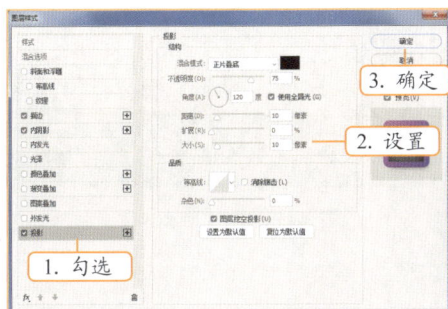

图 8-42 设置"投影"参数

图 8-43 输入并调整文字

（20）打开"图层样式"对话框，勾选"投影"复选框，再勾选"颜色叠加"复选框，在右侧面板中设置颜色为"#750b0d"，单击 确定 按钮，如图 8-44 所示。

（21）按【Ctrl+J】组合键复制该图层，并清除图层样式。栅格化文字图层，按住【Ctrl】键单击"全球狂欢节 拷贝"图层前的缩略图载入选区；选择"渐变工具" <img>，打开"渐变编辑器"对话框，设置"渐变颜色"为"#f7f7ef ～ #cfa155"，单击 确定 按钮，效果如图 8-45 所示。

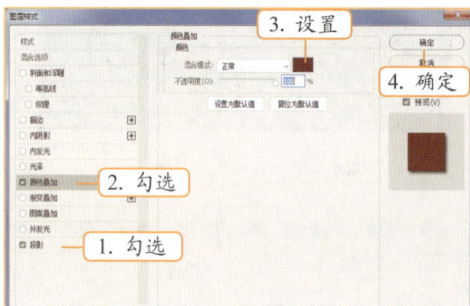

图 8-44　设置"图层样式"参数

图 8-45　添加渐变效果

（22）打开"图层样式"对话框，勾选"投影"复选框，在右侧面板中设置"距离、扩展、大小"分别为"1、0、3"，单击 确定 按钮，如图 8-46 所示。然后调整位置，使其形成错位。

（23）打开"斜纹 .psd"素材文件（配套资源 :\ 素材文件 \ 第 8 章 \ 斜纹 .psd），将其拖曳到文字上方，调整图像的大小和位置，按【Ctrl+Alt+G】组合键将其置入文字中，为其添加剪贴蒙版。

（24）打开"灯光.psd"素材文件，将需要的灯光素材拖曳到文字中，调整其大小和位置，效果如图 8-47 所示。

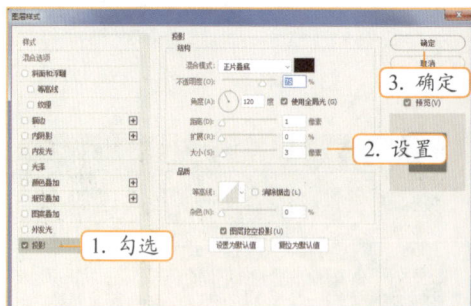

图 8-46　设置"投影"参数

图 8-47　添加灯光素材

（25）选择"圆角矩形工具" <img>，在圆角矩形的上方绘制"800 像素 ×190 像素"的圆角矩形，并设置"填充"为"#401358"。

（26）再次打开"灯光 .psd"素材文件，将其中的灯光素材拖曳到上一步绘制的圆角矩形上方，调整其大小和位置，效果如图 8-48 所示。

（27）选择"横排文字工具" <img>，输入"决战 11·11"文字，设置"字体"为"汉真广标"、

"文本颜色"为"#ff9600"，调整文字的大小和位置。

（28）打开"图层样式"对话框，勾选"外发光"复选框，在右侧面板中设置外发光颜色为"#e70c06"，单击 [确定] 按钮，效果如图8-49所示。

图8-48 绘制圆角矩形并添加灯光素材

图8-49 输入文字并添加外发光

（29）按【Ctrl+J】组合键复制文字图层，将文字颜色修改为"#ffffff"，打开"图层样式"对话框，撤销勾选"外发光"复选框，勾选"斜面和浮雕"复选框，在右侧面板中设置"样式、深度、高度"分别为"内斜面、400、30"，单击 [确定] 按钮，效果如图8-50所示。

（30）选择"矩形工具" □，在大圆角矩形的下方绘制"715像素×224像素"的矩形，并设置"填充"为"#40145d"，"描边"为"#c705c3"、15点"。

（31）选择"横排文字工具" T，输入图8-51所示的文字，设置字体为"思源黑体CN"、字体颜色为"#ffffff"，调整文字的大小和位置。

（32）选择"一次让到底 买贵退差价"图层，打开"图层样式"对话框，勾选"描边"复选框，在右侧面板中设置"大小、颜色"分别为"4、#8c0b91"，如图8-52所示。

图8-50 添加斜面与浮雕

图8-51 绘制矩形并输入文字

（33）勾选"外发光"复选框，在右侧面板中设置"不透明度、杂色、扩展、大小"分别为"85、51、40、6"，单击 [确定] 按钮，如图8-53所示。

（34）打开"活动页素材.psd"素材文件（配套资源:\素材文件\第8章\活动页素材.psd），将其中的素材拖曳到海报下方，调整其大小和位置。

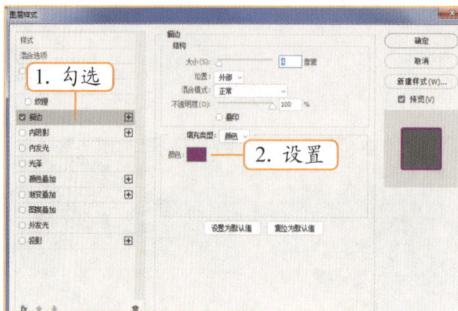

图 8-52　设置"描边"参数　　　　　　　图 8-53　设置"外发光"参数

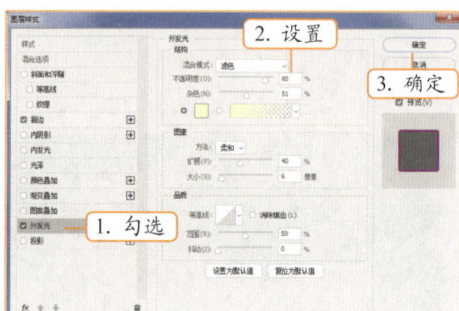

（35）选择"横排文字工具" **T.**，输入"狂欢时间轴"文字，设置字体为"华康海报体 W12"，调整文字的大小、颜色和位置。

（36）选择"圆角矩形工具" **O.**，在文字的右侧绘制"800 像素 ×5 像素"的圆角矩形，并设置"填充"为"#ffff00"。

（37）再次选择"矩形工具" **□.**，在文字的右侧绘制"400 像素 ×180 像素"的矩形，并设置"填充"为"#ffffff"，将矩形移动到圆角矩形的右侧，按【Ctrl+Alt+G】组合键创建剪贴蒙版，如图 8-54 所示。

（38）选择"椭圆工具" **O.**，在圆角矩形上绘制"20 像素 ×20 像素"的正圆，并设置"填充"为"#ffff00"；按住【Alt】键向右拖曳复制 3 个正圆，接着将最后一个圆的填充色更改为"#ffffff"，如图 8-55 所示。

（39）选择"圆角矩形工具" **O.**，在正圆的上方绘制"110 像素 ×40 像素"的圆角矩形，并设置"填充"为"#ffff00"，按住【Alt】键向右拖曳复制 2 个圆角矩形，接着将最后一个圆角矩形的填充色更改为"#ffffff"。

（40）选择"横排文字工具" **T.**，输入图 8-56 所示的文字，设置字体为"汉仪蝶语体简"，调整文字的大小、颜色和位置。

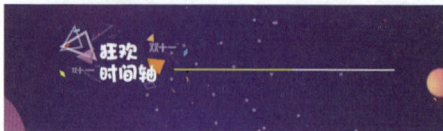

图 8-54　绘制矩形并创建剪贴蒙版　　　　　图 8-55　绘制并填充正圆

（41）选择"矩形工具" **□.**，在刚输入的文字下方绘制"1210 像素 ×560 像素、1155 像素 ×510 像素、790 像素 ×510 像素、790 像素 ×300 像素、295 像素 ×200 像素、420 像素 ×300 像素"的 6 个矩形，并设置"填充"为"#6720d6、#8551fe、#22e5eb、#a001e2、#fc9d03、#e03772"，然后调整矩形的位置，效果如图 8-57 所示。

（42）选择"横排文字工具" **T.**，输入图 8-58 所示的文字，设置字体为"汉仪蝶语体简"，调整文字的大小、颜色和位置。

图 8-56　绘制圆角矩形并输入文字

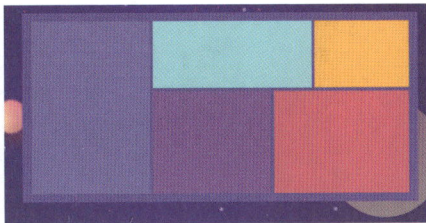

图 8-57　绘制矩形

（43）选择"矩形工具" ，在"仅限前 100 名"文字的下方绘制"220 像素 ×40 像素"的矩形，设置"填充"为"#ffff00"，复制矩形并将其移动到右侧"仅限前 100 名"文字的下方，将颜色更改为"#ffffff"。

（44）制作商品促销图。选择"矩形工具" ，在刚绘制的 6 个矩形的下方绘制"1200 像素 ×1700 像素"的矩形，并设置"填充"为"#6a20da"。再次选择"矩形工具" ，在矩形中绘制 3 个"1150 像素 ×450 像素"的矩形，并设置"填充"为"#ffffff"，调整矩形的位置，如图 8-59 所示。

图 8-58　输入文字

图 8-59　绘制并填充矩形

（45）打开"活动页素材 .psd"素材文件，将其中的商品素材添加到矩形中，调整其位置和大小，如图 8-60 所示。

（46）选择"横排文字工具" ，输入图 8-61 所示文字，设置字体为"汉仪粗黑简"，调整文字的大小、颜色和位置。

（47）选择"矩形工具" ，在图 8-61 所示的位置绘制 3 个"1210 像素 ×2100 像素"的矩形，并设置"填充"为"#ff0018"，调整各个矩形的位置。

（48）保存文件，完成后的效果图如图 8-62 所示（配套资源 :\效果文件 \ 第 8 章 \11·11 活动页 .psd）。

图 8-60　添加素材

图 8-61　输入文字并绘制矩形

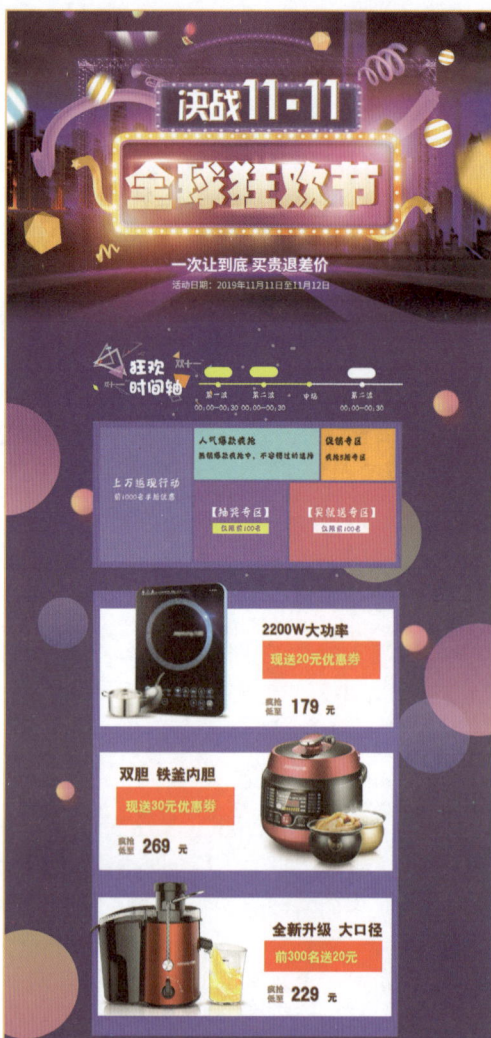

图 8-62　完成后的效果图

课堂实训——制作护肤品春节活动页

🎯 实训目标

本实训将制作一个护肤品网店的春节活动页。要求该活动页以商品促销为目的，以春节元素定位主题风格，同时加大优惠信息的展示力度。在颜色上，可直接选择正红色作为主色调来渲染节日氛围。在结构上，可划分为焦点图、优惠券、活动区等，效果图如图 8-63 所示。

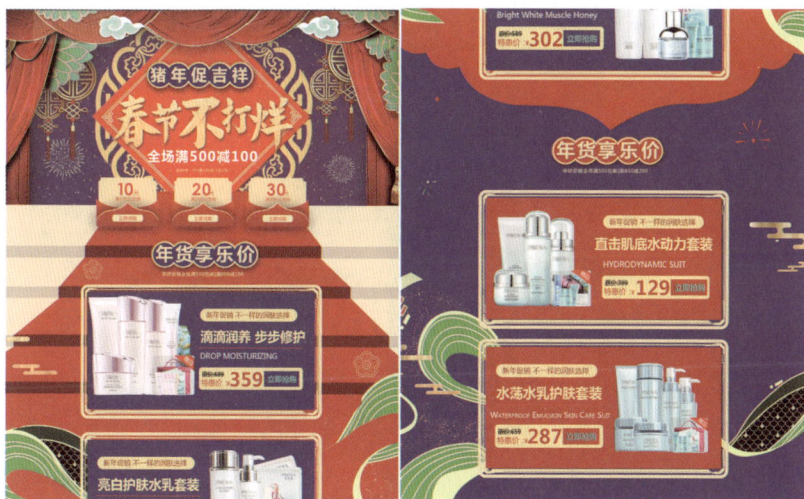

图 8-63　护肤品春节活动页效果图

🍊 实训思路

根据实训目标，完成本实训主要进行以下操作。

（1）定位活动页主题风格。以春节为主题设计活动页，可以直接选取与春节相关的元素。本实训以经典的正红色和深蓝色作为主色、黄色作为辅助色、白色作为点缀色进行设计，同时添加中国元素作为页面装饰。

（2）焦点图视觉设计。焦点图以主色红色为背景，添加祥云、烟花等元素来构建场景，同时搭配深色的光线营造出一种节日气氛，文案则直接点明活动主题为"春节不打烊"，最后在下方添加烟花场景，以呼应主题。

（3）活动区视觉设计。活动区包括优惠券区与活动专区两个区域。优惠券区以红色和黄色为背景，搭配红色的文字来突出显示优惠内容。活动专区以主色红色为背景，搭配红色的文字和淡黄色的形状来突出重点内容。

（4）添加页面点缀物。为了增强页面的活动氛围，并体现出新年主题，网店美工可在页面中添加一些新年吉祥物以统一画面并体现出层次，比如中国结。

课后练习——制作开学季专题页

利用收集的素材（配套资源:\素材文件\第8章\开学季专题页素材.psd）制作开学季主题页。具体来说，先制作焦点图，再制作优惠券，最后根据商品内容制作专题页，完成后的效果图如图8-64所示（配套资源:\效果文件\第8章\开学季专题页.psd）。

图8-64　开学季专题页效果图

拓展知识

1. 专题页设计技巧

下面介绍一些专题页设计技巧，帮助网店美工更好地设计活动页面，打造出具有视觉吸引力的专题页。

- 首屏焦点图要与下方的次屏内容在设计上有明显的区别，可使用颜色、图案、阴影、线条等元素进行分隔。
- 页面中要有一个贯穿整体的设计元素，以承上启下，保证页面的统一性。
- 页面中的内容切忌东拼西凑，页面风格不能过于夸张，应该从页面布局、字体样式、背景衬托、色彩搭配等方面进行统一规划。
- 活动专题页的信息量大，页面屏数多，页面长度更长，因此要注意控制每屏的高度，保证每屏之间的距离并适当留白，以提升页面的视觉舒适感，给消费者提供更好的浏览体验。

2. 确定活动页中活动目的

在淘宝平台中，常见的活动可分成两种形式——网店内部活动和网店外部活动。网店内部活动是指商家根据自身的经营需要进行的各种营销活动。网店外部活动又包括大促活动和平台活动。大促活动包括"6·18"大促、"11·11"大促、黑色星期五大促等。平台活动又可分为类目和分类两种形式：以类目为主的活动，如3月女性蝴蝶节、9月沙漠风暴、一年两次的家装节等；以分类为主的活动，如品牌秒杀、预售、众筹等。

无论是何种性质和形式的活动，都要确定其目的，比如是上新、宣传品牌还是清仓等。确定目的之后，网店美工才可针对具体情况进行设计。

- **活动是拉新的重要手段之一：**尤其是对于新开张的网店而言，举行促销活动可以吸引新客户进入网店；对于已经有了一定客户积累的网店而言，活动不仅可以带来新客户，还可以通过活动，与老客户互动，增加网店的活力与曝光率，挖掘更多的潜在客户，促进网店的销售并形成良性循环，从而取得良好的营销效果。
- **扩大品牌知名度：**开展活动可以扩大品牌知名度，最终吸引更多的消费者。此类活动主要是对品牌调性、品牌故事进行有针对性的展示，或者发布新品、新品牌等。优质的页面呈现不仅能够完整地展示商品，还能够提升品牌形象，激发消费者的购买欲望，给消费者留下深刻的印象。
- **保持网店动态更新：**网店不定期举行活动，保持网店动态更新，有利于消费者对网店保持兴趣与新鲜感。在节假日、品牌日、会员日或者店庆日，网店都可以策划活动，以增添活力，增强营销效果。
- **清理库存：**一些应季的商品如果在当季没有清仓，可以在适当的时候进行清仓处理，如夏季卖羽绒服等。

09

制作移动端网店页面

案例导入

　　随着移动互联网的日益发展，小美发现移动端的成交量远远大于 PC 端，而自家网店还没有移动端页面。于是小美先进行了移动端首页的制作，再针对上架的商品进行了移动端商品详情页的制作。经过一个月的努力，小美发现自家网店的成交量相对于其他月份有了不小的提高。

　　由此可见，移动端网店页面的制作也很重要。而移动端网店页面包括网店首页和商品详情页两种，并且都需要进行专门的制作。

学习目标

* 掌握移动端网店首页的制作方法
* 掌握移动端商品详情页的制作方法

案例展示

移动端网店首页　　　　　　　移动端商品详情页

9.1　移动端网店首页的设计与制作

随着无线设备的普及，移动端购物日益成为网购的主流。为了使网购更加便利，移动端淘宝网店应运而生。而如何让移动端网店变得更具吸引力，则成了移动端网店设计的关键。下面介绍移动端网店首页设计与制作的相关知识。

↘ 9.1.1　移动端网店首页设计的注意事项

由于目前大多数流量和订单都来自移动端，因此商家都很重视移动端的运营，尤其是网店首页的优化。网店美工在设计移动端首页时，通常需注意以下 4 点。

- **注重感官的舒适性：** 从消费者的购物习惯出发，图片的清晰度和大小都要适合移动设备的尺寸，以大图为主、分类清晰明确；搭配合适的颜色；商品的细节清晰、美观，给消费者带来舒适的体验。
- **合理控制页面的长度：** 消费者在浏览页面时一般都是按照自上而下的顺序，因此信息不必过多，一般以 6 屏以内的页面长度为最佳。
- **把握页面整体内容：** 网店的整体内容与设计风格，都要与网店消费人群的特点相匹配，符合消费人群的视觉审美。另外，页面的整体内容要便于消费者识别、读取和点击。
- **与 PC 端的视觉统一：** 移动端的内容要与 PC 端的内容相互呼应，具有相通的视觉符号，以提高网店品牌的关联性。

图 9-1 所示为某卫浴商品网店的移动端首页设计示例。该网店在设计时，在合理分配内容框架的基础上，严格遵守了设计规范，其内容展示重点明确、商品突出，可以吸引对这类商品感兴趣的消费者浏览相关页面。

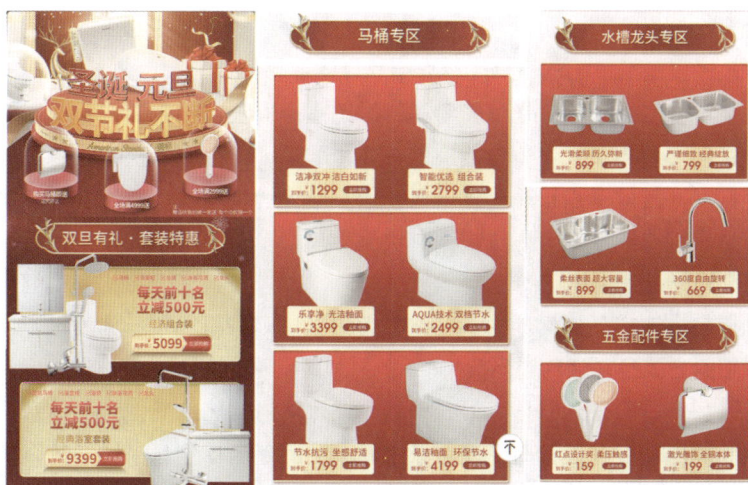

图 9-1　移动端首页设计示例

↘ 9.1.2 移动端网店首页的设计要点

PC 端网店首页一般展示的是网店的品牌形象、重要活动等信息，消费者访问首页的方式也多为从商品详情页直接跳转。而移动端网店首页，消费者访问的方式则较为灵活，如二维码、微信公众号、网店搜索、详情页跳转等。因此移动端的网店首页与 PC 端的网店首页具有不同的消费者访问特征，并且移动端网店首页的作用比 PC 端网店首页的作用更大。网店美工在设计移动端首页时，要更加注意风格的定位、商品的选择与模块的构成。

在设计移动端网店首页前，要先规划页面的框架结构，明确页面的内容以及所展示的逻辑方向，并与消费者的实际需要结合起来，从而快速打动消费者，使其继续浏览页面并做出购物行为。根据移动端消费者的特点，移动端网店首页的结构主要包括首屏焦点图、优惠券、活动信息、商品列表 4 个部分，因此要做到精练、主次分明，以最大化激发消费者的购物欲望。

● **首屏焦点图：**与 PC 端首页设计一样，移动端首页同样需要通过焦点图来快速聚焦消费者的视线，展示网店的最新动态或活动信息，以吸引消费者继续浏览页面。但不同的是，PC 端首屏焦点图一般以全屏海报的形式呈现，图片宽度一般为 750 像素，而移动端首屏焦点图的宽度则为 200 ～ 950 像素，因此其展示的重点区域不同。移动端首屏焦点图要在有限的页面范围内放大商品和主要文案，以便消费者更快速地接收到信息。在对移动端首屏焦点图进行设计时，可以直接在 PC 端全屏海报的基础上重构元素，以突出重要信息。

● **优惠券：**不管是 PC 端还是移动端，优惠券都是网店首页设计必不可少的元素。网店先通过焦点图来吸引消费者的视线，当消费者的视线往下移动时，则应通过优惠信息来刺激消费者持续浏览页面信息。移动端网店首页的优惠券设计方法与 PC 端类似，但要注意每排的优惠券数量不能超过 3 个，否则会使图片被过度压缩，无法看清优惠券中的具体信息。

● **活动信息：**活动信息是消费者购物时的重点关注对象，要在移动端首页展示出目前网店中最具竞争力的商品，并搭配活动信息给消费者一种物超所值的感觉。网店美工在移动端进行活动信息区域的视觉设计时，一般涉及单栏单品重点推广和双栏大量推广两种类型。单栏单品重点推广是指以某一个热销商品或新品作为推广的重点，通过横排构图的方式占满移动设备的整个横屏，加大突出该商品的活动力度。双栏大量推广则是将屏幕一分为二，通过双栏构图的方式呈现活动商品。

● **商品列表：**除了活动信息外，消费者还可能对网店的其他商品信息感兴趣。因此网店美工在设计时，还可以主动罗列其他商品信息来增加其曝光率与流量。商品列表一般以一排 2 列或 3 列的方式进行布局，通过高质量的商品图片、商品标题、商品价格等信息展示网店商品。

↘ 9.1.3　制作移动端网店首页

　　本例将制作以"火拼周"为主题的小家电网店移动端首页。在制作时，首先确定网店的主题，通过不规则形状的展现，让整个首页更具个性，再加上渐变的颜色、促销的商品，让整个首页美观、时尚且更具亮点。其具体操作如下。

（1）制作海报。新建大小为"640 像素 ×3000 像素"，分辨率为"72 像素 / 英寸"，名称为"移动端网店首页"的文件。

（2）将"前景色"设置为"#2e109b"，打开"移动端网店首页素材 .psd"素材文件（配套资源 :\ 素材文件 \ 第 9 章 \ 移动端网店首页素材 .psd），将"图层 1"图层拖曳到新建文件中，调整素材的位置和大小，并设置"设置图层的混合模式"为"滤色"。

（3）选择"椭圆工具" ⃝ ，在素材的右上角绘制"530 像素 ×530 像素"的正圆，双击椭圆图层，打开"图层样式"对话框，勾选"渐变叠加"复选框，设置"渐变、角度"分别为"#dfe8ba ～ #3d9cd6、32"，如图 9-2 所示。

（4）勾选"投影"复选框，设置"不透明度、距离、大小"分别为"22、4、32"，单击 确定 按钮，如图 9-3 所示。

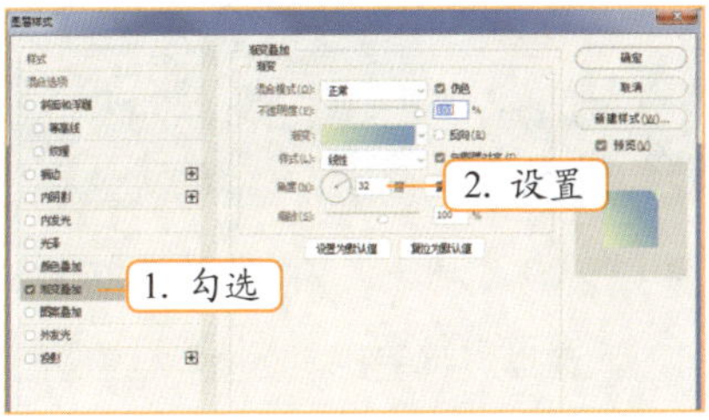

图 9-2　设置"渐变叠加"参数 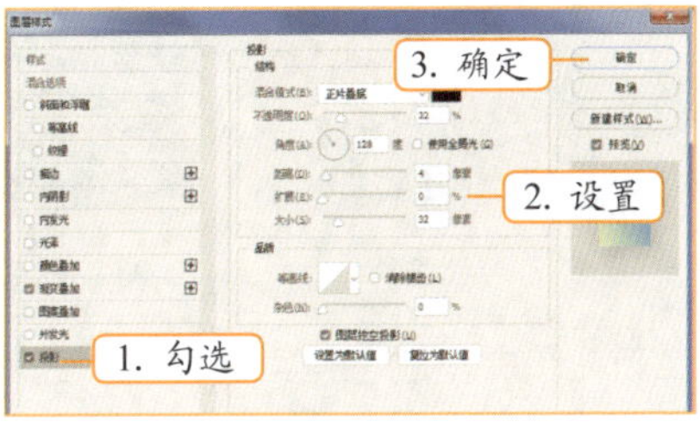　　　　图 9-3　设置"投影"参数

（5）使用相同的方法，在右侧绘制"395 像素 ×395 像素"的正圆，并添加对应的渐变和投影，效果如图 9-4 所示。

（6）新建图层，选择"钢笔工具" ✎ ，绘制图 9-5 所示的形状，按【Ctrl+Enter】组合键将其转换为选区，再按【Alt+Delete】组合键填充前景色。

（7）双击绘制的形状所在图层，打开"图层样式"对话框，勾选"渐变叠加"复选框，设置"渐变"为"#ff3774 ～ #ff7fa6"，单击 确定 按钮，如图 9-6 所示。

图 9-4　绘制正圆 　　　图 9-5　绘制形状 　　　图 9-6　填充渐变

（8）将"前景色"设置为"#f4ff37"，新建图层，选择"钢笔工具" ，绘制图9-7所示的形状，按【Ctrl+Enter】组合键将其转换为选区，再按【Alt+Delete】组合键填充前景色。

（9）双击上一步绘制的形状所在图层，打开"图层样式"对话框，勾选"颜色叠加"复选框，设置"颜色"为"#ffc52a"，再勾选"投影"复选框，设置"不透明度、距离、大小"分别为"45、4、3"，单击 确定 按钮，效果如图9-8所示。

（10）使用相同的方法，再次选择"钢笔工具" ，绘制图9-9所示的形状，打开"图层样式"对话框，勾选"渐变叠加"复选框，设置"渐变"为"#5643bb ～#8d7ce8"，再勾选"投影"复选框，设置"不透明度、距离、大小"分别为"45、4、3"，单击 确定 按钮。

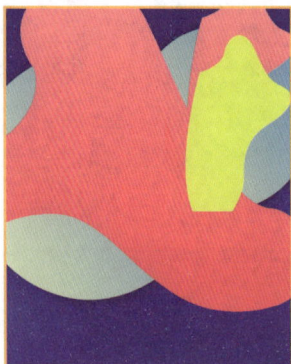

| 图9-7 绘制形状 | 图9-8 添加渐变和投影 | 图9-9 绘制形状并添加渐变叠加 |

（11）新建图层，将"前景色"设置为"#ffffff"，选择"钢笔工具" ，绘制图9-10所示的形状，按【Ctrl+Enter】组合键将其转换为选区，再按【Alt+Delete】组合键填充前景色，打开"图层"面板，设置"填充"为"57%"，进行高光的绘制。

（12）新建图层，将"前景色"设置为"#32208f"，选择"钢笔工具" ，绘制图9-11所示的形状，按【Ctrl+Enter】组合键将其转换为选区，再按【Alt+Delete】组合键填充前景色。

（13）使用相同的方法，新建图层，将"前景色"设置为"#f4ff37"，再次选择"钢笔工具" ，绘制图9-12所示的形状，并填充前景色。双击绘制的形状所在图层，打开"图层样式"对话框，勾选"渐变叠加"复选框，设置"渐变、角度"分别为"#5bbeff ～ #fef21b、-149"，单击 确定 按钮。

（14）选择"横排文字工具" ，输入"火""拼""周"文字，在工具属性栏中设置"字体"为"汉仪秀英体简"、"文本颜色"为"#ffce37"，调整字体的大小和位置，如图9-13所示。

图 9-10　绘制高光　　　图 9-11　绘制形状　　图 9-12　绘制形状并添加渐变叠加

（15）按【Ctrl+J】组合键复制"火"文字所在图层并双击，打开"图层样式"对话框，勾选"斜面和浮雕"复选框，保持默认设置不变。再次勾选"颜色叠加"复选框，设置"颜色"为"#ffffff"，接着勾选"投影"复选框，设置"颜色、不透明度、距离、大小"分别为"#977611、45、2、1"，单击 确定 按钮，如图 9-14 所示。

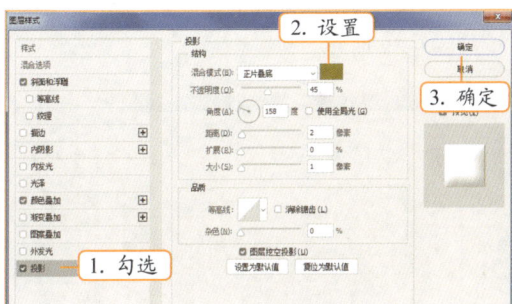

图 9-13　输入文字　　　　　　　图 9-14　设置"图层样式"参数

（16）在"火"文字所在图层上方单击鼠标右键，在弹出的快捷菜单中选择"拷贝图层样式"选项，然后在"拼"文字所在图层和"周"文字所在图层上方单击鼠标右键，在弹出的快捷菜单中选择"粘贴图层样式"选项，完成后调整文字的位置，效果如图 9-15 所示。

（17）选择"横排文字工具" T.，输入"全场 3 折起"文字，在工具属性栏中设置"字体"为"方正艺黑简体"，调整字体的大小、颜色和位置，如图 9-16 所示。

（18）选择"圆角矩形工具" ，在"火拼周"文字的下方绘制"565 像素 ×60 像素"的圆角矩形，并设置"填充"为"#fef21b"。

（19）双击圆角矩形所在图层，打开"图层样式"对话框，勾选"投影"复选框，设置"不透明度、距离、大小"分别为"40、4、3"，单击 确定 按钮。

（20）选择"横排文字工具" T.，在圆角矩形内输入"低价疯抢 不止 3 折 领券立减"文字，在工具属性栏中设置"字体"为"方正艺黑简体"、"文本颜色"为"#5b47bf"，调整字体的大小和位置，如图 9-17 所示。

图 9-15　拷贝图层样式 　　　　　图 9-16　输入文字 　　　　图 9-17　绘制圆角矩形并输入文字

（21）制作优惠券。选择"矩形工具" ，在海报的下方绘制"564 像素 ×394 像素"的矩形，并设置"填充"为"#fe5222"。

（22）双击矩形所在图层，打开"图层样式"对话框，勾选"斜面和浮雕"复选框，设置"样式、方法、大小、软化、角度、高度"分别为"内斜面、雕刻清晰、4、0、120、30"，如图 9-18 所示。

（23）勾选"渐变叠加"复选框，设置"渐变"为"#ff48e9 ～ #622ff5"，单击 确定 按钮，如图 9-19 所示。

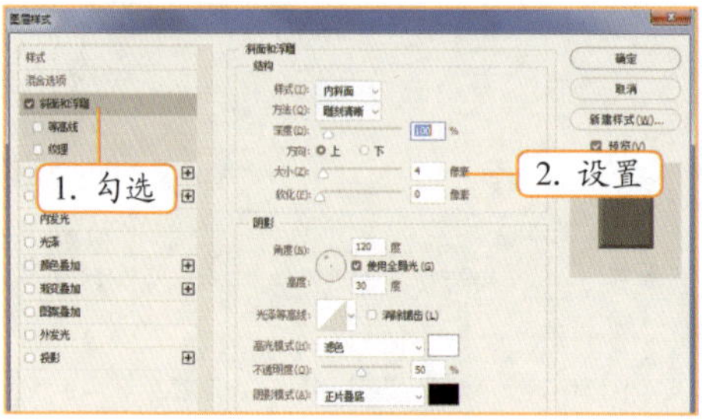

图 9-18　设置"斜面和浮雕"参数 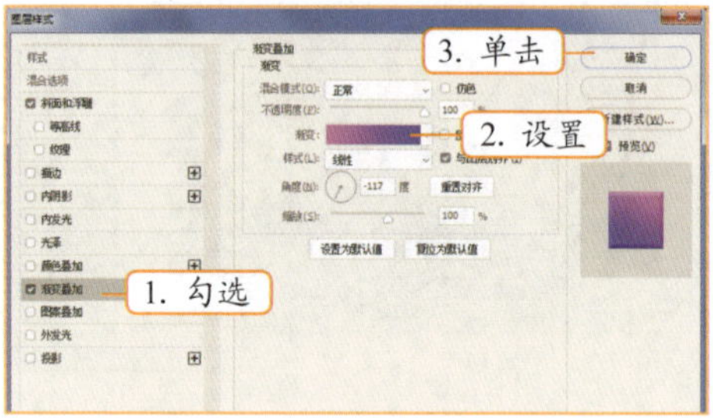　　　　　图 9-19　设置"渐变叠加"参数

（24）选择"横排文字工具" ，输入图 9-20 所示的文字，在工具属性栏中设置"字体"为"思源黑体 CN"，调整字体的大小、颜色和位置。

（25）选择"圆角矩形工具" ，在"立即领取"文字的下方绘制"114 像素 ×33 像素"的圆角矩形，并设置"填充"为"#fff72c"，效果如图 9-21 所示。

（26）选择优惠券的所有图层，按住【Alt】键向右拖曳，复制优惠券内容，然后修改其中的文字，效果如图 9-22 所示。

（27）选择"圆角矩形工具" ，在优惠券的下方绘制"200 像素 ×40 像素"的圆角矩形，并设置"填充"为"#fde700"。

（28）选择"横排文字工具" ，在圆角矩形的两侧输入"＞＞＞、＜＜＜"符号，在工具属性栏中设置"字体"为"方正艺黑简体"、"文本颜色"为"#fde700"，调整符号的大小和位置，如图 9-23 所示。

图 9-20　输入文字　　　图 9-21　绘制圆角矩形　　　图 9-22　复制优惠券并修改内容

（29）选择"圆角矩形工具" ，在优惠券的下方绘制"605 像素 ×130 像素"的圆角矩形，并设置"填充"为"#d0c124"。

（30）选择"圆角矩形工具" ，在上一步绘制的圆角矩形的上方绘制相同大小的圆角矩形，并设置"填充"为"#7e42ff"，"描边"为"#fde700、10 点"，调整位置使其形成错位。

（31）选择"横排文字工具" ，在圆角矩形内输入"幸运大抽奖·赢大礼 >>>"文字，在工具属性栏中设置"字体"为"方正艺黑简体"，调整字体的大小、颜色和位置，如图 9-24 所示。

图 9-23　绘制圆角矩形并输入符号　　　图 9-24　绘制圆角矩形并输入文字

（32）选择"圆角矩形工具" ，在圆角矩形的下方绘制两个"605 像素 ×130 像素"的圆角矩形，并设置"填充"为"#7e42ff"，"描边"为"#fde700、18 点"。

（33）打开"移动端首页素材 .psd"素材文件，将其中的商品图片拖曳到圆角矩形内，调整其大小和位置，如图 9-25 所示。

（34）选择"横排文字工具" ，在圆角矩形中的右侧输入图 9-26 所示的文字，在工具属性栏中设置"字体"为"思源黑体 CN"，调整字体的大小、颜色和位置。

（35）选择"矩形工具" ，在"24 小时保温保冷""时尚炫彩不粘锅""立即兑换"

文字的下方绘制矩形，并设置"填充"为"#3016a1"。

（36）选择"圆角矩形工具" ，在步骤（32）制作的圆角矩形的下方绘制 4 个"300 像素 ×380 像素"的圆角矩形，并设置"填充"为"#7e42ff"，"描边"为"#fde700、10 点"。

（37）打开"移动端首页素材 .psd"图像文件，将其中的其他商品图片拖曳到上一步绘制的圆角矩形中，调整其大小和位置，如图 9-27 所示。

（38）选择"横排文字工具" ，在素材的下方输入图 9-28 所示的文字，在工具属性栏中设置"字体"为"汉仪书魂体简"，调整字体的大小、颜色和位置。

（39）选择"直线工具" ，在文字的中间区域绘制直线。

（40）选择"圆角矩形工具" ，在 4 处"了解详情 >"文字的下方绘制"110 像素 ×36 像素"的圆角矩形，并设置"填充"为"#fde700"。

（41）继续选择"圆角矩形工具" ，在图像的下方绘制"361 像素 ×91 像素"的圆角矩形，并设置"填充"为"#fde600"。

图 9-25　绘制矩形并添加素材

图 9-26　输入文字

图 9-27　绘制圆角矩形并添加素材

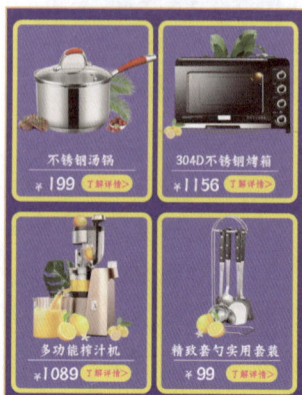

图 9-28　绘制圆角矩形并输入文字

（42）选择"横排文字工具" T ，在圆角矩形内输入图9-29所示的文字，在工具属性栏中设置"字体"为"汉仪书魂体简"，调整字体的大小、颜色和位置。

（43）保存文件，查看完成后的效果图如图9-29所示（配套资源:\效果文件\第9章\移动端网店首页.psd）。

图9-29　完成后的效果图

9.2 移动端商品详情页的特征与制作

移动端商品详情页与PC端商品详情页类似，其主要区别在于移动端商品详情页文字更少，多用图片表达，板块内容更少，展现效果具有促销性，而且主要展示的是商品的细节，对售后等内容涉及不多。下面分别对移动端商品详情页的特征和制作方法进行介绍。

↘ 9.2.1 移动端商品详情页的特征

商品详情页决定着网店流量和转化率，由于越来越多的人选择使用移动设备购物，因此移动端商品详情页也变得越来越重要。与 PC 端商品详情页相比，移动端商品详情页具有以下 4 个特征。

- **一屏一主题**：移动端设备以竖屏浏览模式为主，因此在商品详情页的设计上，每个板块的图片也应是竖版的，这样才能更高效地传达商品信息，给消费者带来更加舒适的视觉感官体验。在以 PC 端商品为主导的年代，商品详情页要求一图一主题，而当以移动端购物为主导时，其商品详情页中一图基本等于一屏，即一屏一主题，如图 9-30 所示。
- **商品更突出**：移动设备的屏幕尺寸较小，因此在设计时要更加突出商品，将商品主体完整地展示给消费者，如图 9-31 所示。
- **卖点展示更加精练**：移动端商品详情页的制作可以参照 PC 端，但是移动端更加注重在最短的时间内，把消费者的购买欲望放到最大，因此移动端商品详情页的卖点展示应该更加精练，如图 9-32 所示。

图 9-30 一屏一主题

图 9-31 商品更突出

图 9-32 卖点展示更加精练

- **细节质感化**：展示商品细节时，应将商品局部放大，使得商品更具品质感和视觉冲击力。同时也应注意图片的精度，要选择清晰、高质量的商品图片进行放大、裁剪操作。若商品图片的质量不佳，可重新拍摄商品的局部细节，以提升图片的表现力，让消费者更直观地感受到商品的品质，如图 9-33 所示。

图 9-33 细节的展现

↘ 9.2.2 制作移动端商品详情页

本例将制作莲子商品的移动端详情页。在制作时，不但要体现莲子的品质，还要将莲子的纯天然、营养美味、安全放心等内容体现出来，通过图片与文字的组合让整个商品详情页更加美观。其具体操作如下。

（1）新建大小为"750 像素 ×6200 像素"，分辨率为"72 像素/英寸"，名称为"移动端商品详情页"的文件。

（2）打开"移动端详情页素材 .psd"素材文件（配套资源:\素材文件\第 9 章\移动端详情页素材 .psd），将"图层 1"图层拖曳到新建文件中，调整大小和位置，如图 9-34 所示。

微课视频

制作移动端商品详情页

（3）选择"直排文字工具" ，在工具属性栏中设置字体为"汉仪书魂体简"，输入图9-35所示的文字，调整文字的大小、颜色和位置。双击文字所在图层，打开"图层样式"对话框，勾选"投影"复选框，设置"距离、大小"分别为"8、8"，单击 确定 按钮。

（4）在打开的"移动端商品详情页素材.psd"素材文件中，将"图层2"图层拖曳到新建文件中，调整大小和位置。选择"横排文字工具" ，在工具属性栏中设置字体为"汉仪细中圆简"、"文本颜色"为"#588d20"，输入图9-36所示的文字，调整文字的大小和位置。

（5）在打开的"移动端商品详情页素材.psd"素材文件中，将"图层3"图层拖曳到焦点图下方，调整其大小和位置，如图9-37所示。

（6）选择"圆角矩形工具" ，在工具属性栏中设置"填充"为"#bc9d7a"，在第（5）步调整的素材上方绘制"445像素×42像素"的圆角矩形。

图9-34　添加素材

图9-35　输入文字

图9-36　添加素材并输入文字

（7）选择"横排文字工具" ，在工具属性栏中设置"字体"为"汉仪雪君体简"，输入图9-38所示的文字，调整文字的大小、颜色和位置。

图9-37　添加素材

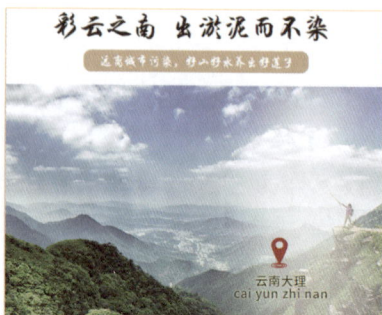

图9-38　绘制圆角矩形并输入文字

（8）选择"圆角矩形工具" ，在工具属性栏中设置"填充"为"#bc9d7a"，在图片的下方绘制4个"150像素×135像素"的圆角矩形，如图9-39所示。

（9）在打开的"移动端商品详情页素材.psd"素材文件中，将矢量形状拖曳到圆角矩形中，调整其位置和大小。

（10）选择"横排文字工具" ，在工具属性栏中设置字体为"思源黑体CN"，输入图9-40所示的文字，调整文字的大小、颜色和位置。

图 9-39　绘制圆角矩形　　　　　　图 9-40　添加素材并输入文字

（11）在打开的"移动端商品详情页素材.psd"素材文件中，将"图层4"图层拖曳到新建文件中，调整其位置和大小。

（12）选择"横排文字工具" ，输入图9-41所示的文字，在工具属性栏中设置"商品.信息"的字体为"汉仪雪君体简"，再设置其他文字的字体为"思源黑体CN"，调整文字的大小和位置。

（13）选择"椭圆工具" ，在工具属性栏中设置"填充"为"#000000"，在图片的下方绘制4个"147像素×147像素"的正圆。

（14）在打开的"移动端商品详情页素材.psd"素材文件中，将商品素材依次拖曳到正圆的上方，按【Ctrl+Alt+G】组合键创建剪贴蒙版，效果如图9-42所示。

（15）选择"自定形状工具" ，在工具属性栏中，设置"填充"为"#000000"，在"形状"下拉列表中选择"箭头6"选项，然后在正圆的右侧绘制3个箭头，效果如图9-43所示。

图 9-41　输入文字　　　图 9-42　绘制正圆并添加素材　　　图 9-43　绘制箭头

（16）选择"横排文字工具" ，在工具属性栏中设置"字体"为"思源黑体

CN"，输入图 9-44 所示的文字，调整文字的大小、颜色和位置。

（17）选择"矩形工具" ，在工具属性栏中取消填充，设置"描边"为"#000000、1"，在正圆的下方绘制"550 像素 ×60 像素"的矩形。

（18）栅格化矩形所在图层，打开"图层"面板，单击"添加图层蒙版"按钮 ，将"前景色"设置为"#010003"，选择"画笔工具" ，在文字处涂抹，隐藏涂抹部分效果，如图 9-45 所示。

图 9-44　输入文字　　　　　　　　　　　图 9-45　绘制矩形即涂抹效果

（19）选择"矩形工具" ，在工具属性栏中设置"填充"为"#707070"，在图片下方绘制"750 像素 ×1700 像素"的矩形。在打开的"移动端商品详情页素材 .psd"素材文件中，将商品图片细节展示依次拖曳到矩形中，调整其大小和位置。

（20）选择"横排文字工具" ，输入图 9-46 所示的文字，在工具属性栏中设置"细节 . 展示"的字体为"汉仪雪君体简"，再设置其他文字的字体为"思源黑体 CN"，调整文字的大小和位置。

图 9-46　制作细节展示

（21）保存文件，完成后的效果图如图 9-47 所示（配套资源 :\ 效果文件 \ 第 9 章 \ 移动端详情页 .psd）。

图 9-47　完成后的效果图

课堂实训——制作移动端家具网店首页

实训目标

本实训将制作家具网店移动端首页。要求在移动端首页展现出家居用品，并将新品通过矩形框的形式展现出来。在颜色上，采用浅色的效果展现，让整个网店首页清新、自然。在结构上，可以将本例的移动端网店首页划分为首屏焦点图、优惠券、爆款活动 3 个部分，完成后的效果图如图 9-48 所示。

图 9-48　完成后的效果图

实训思路

根据实训目标，完成本实训主要需进行以下操作。

（1）打开"移动端家具网店首页素材 .psd"素材文件（配套资源:\素材文件\第 9
章\移动端家具网店首页素材 .psd），将其中的"图层 1"图层拖曳到新建文件中，调整其大小和位置，并输入文字内容。

（2）根据各个板块的具体情况，绘制矩形框并添加优惠券信息。

（3）在优惠券的下方添加单个图片，并在图片的下方输入说明性文字。

（4）当制作商品列表时，先使用矩形框的形式，在其中简单罗列常见的商品信息，完成后对下方特卖商品进行图文的制作，注意该制作要完整展示需精细表现的内容。

（5）保存文件，查看完成后的效果（配套资源:\效果文件\第9章\移动端家具网店首页.psd）。

课后练习——制作移动端水蜜桃商品详情页

利用收集的素材（配套资源:\素材文件\第9章\移动端水蜜桃商品详情页素材.psd）制作水蜜桃商品移动端详情页。注意先制作水蜜桃焦点图，再根据商品内容制作水蜜桃详细介绍的内容，完成后的效果图如图9-49所示（配套资源:\效果文件\第9章\移动端水蜜桃商品详情页.psd）。

图9-49　完成后的效果图

拓展知识

1. 移动端和 PC 端的区别

移动端和 PC 端是电商的平台的两大用户端口，商家需要针对不同的用户端口制订不同的运营策略，因此了解二者的区别是很有必要的。下面讲解移动端和 PC 端网店的区别。

- **消费者在线时长的不同**：一般来说，移动端消费者的在线时间会比 PC 端消费者的在线时间长。因此商家应关注在移动端做商品推广投放的时间，在投放时可以选择智能化的均匀投放，移动端做商品推广投放的时间可以更长。

- **点击率、排名的不同**：如今移动端的点击率是 PC 端点击率的几倍，不仅是因为移动端屏幕相对 PC 端屏幕小，更主要的原因是移动端的商品数量少、流量更集中，点击率自然也就更高。移动端的展示位比 PC 端的展示位少，但流量比较集中，因此移动端商品排名也会相对较高。

- **转化方式的不同**：相对于 PC 端，移动端更多的是静默转化。

- **关键词的不同**：适用于 PC 端的关键词并不一定也适用于移动端，因此商家在选择移动端关键词时，要通过移动端下拉列表框选择合适的商品推广关键词。

2. 页面设计禁用语

为了吸引消费者浏览网店，增加消费者的停留时间并提高商品转化率，页面设计时常采用一些比较有吸引力的词汇来抓住消费者的眼球。但要注意的是，不能使用绝对化用语、虚假宣传用语、贬低用语。

- **绝对化用语**：《中华人民共和国广告法》对禁用词进行了规定，绝对化用语不得出现在商品列表页、商品标题、副标题、主图、详情页，以及商品包装等位置。绝对化用语主要包括代表最、顶、独、首、一等意味的词语，以及空白、免检、驰名商标、著名品牌、质量免检、质量无须检测等其他绝对化词语。

- **贬低用语**：不能为了突出自身商品的优势而与同类其他商品进行比较，并使用贬低性的文字来诋毁对方。但可以对自身商品进行对比，如商品升级前后的对比，以突出升级后的区别与优势。

10

装修网店

案例导入

当小美完成各个板块的设计后，公司领导让她直接进行网店的装修。小美先对首页和详情页进行了切片，再将完成切片的图片上传到图片空间，并选择不同的模块进行简单的装修。经过装修，店铺的成交量直线上升。

由此可见，完成设计并不意味着美工工作的完成，还需要对店铺进行装修，让设计的效果图在店铺中得到展示。

学习目标

* 了解装修前的准备工作
* 掌握装修 PC 端网店的方法
* 掌握装修移动端网店的方法

案例展示

装修开学季专题页

10.1　装修前的准备工作

在制作好网店页面后，就可以着手网店的装修了。在装修前需要做好一些准备工作，主要指对制作好的页面文件进行切片，并将切片后的效果上传到图片空间，以便后期使用。下面分别对切片与保存图片及上传图片至图片空间的操作方法进行介绍。

↘ 10.1.1　切片与保存图片

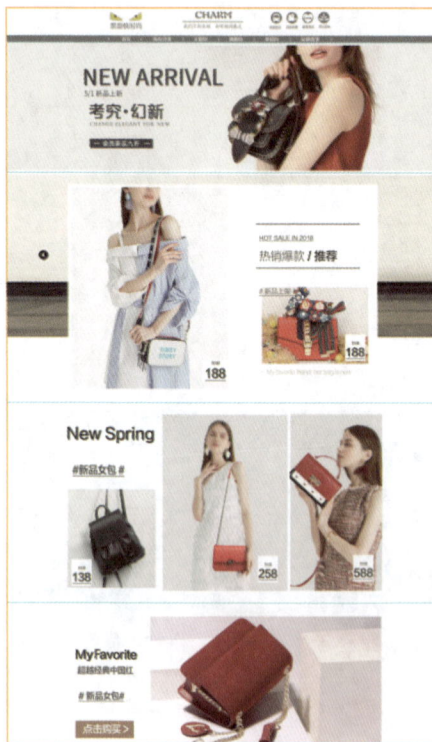

本例为"女包网店首页"的首页图片创建切片，并将创建的切片保存到计算机中，以便后期装修网店时使用。其具体操作如下。

（1）打开"女包网店首页.jpg"素材文件（配套资源:\素材文件\第 10 章\女包网店首页.jpg）。

（2）选择【视图】/【标尺】命令，或按【Ctrl+R】组合键打开标尺，从左侧和顶端拖曳参考线，设置切片区域，如图 10-1 所示。

（3）选择"切片工具"，在工具属性栏中单击 基于参考线的切片 按钮，将素材文件基于参考线等分成多个小块，效果如图 10-2 所示。

图 10-1　添加参考线

图 10-2　切片图片

（4）按【Shift+Ctrl+Alt+S】组合键，打开"存储为 Web 所用格式"对话框，单击
　　　 存储... 按钮，在打开的对话框中选择保存格式为"HTML 和图像"，然后设
　　　置保存位置与保存名称，单击 保存(S) 按钮保存切片，如图 10-3 所示。

（5）在保存路径下查看保存效果，可以看到一个 HTML 网页文件，以及一个名为
　　　images 的文件夹。其中 images 文件夹中包含了所有创建的切片和 .html 的网页
　　　文件，如图 10-4 所示（配套资源 :\效果文件 \ 第 10 章 \ 女包网店首页 \images\ ）。

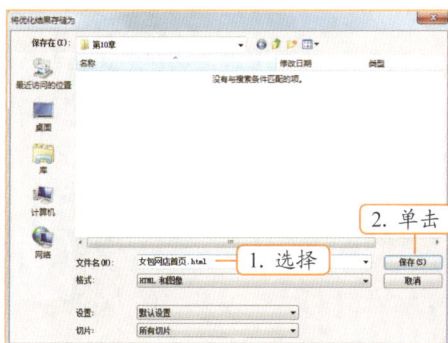

图 10-3　设置保存格式　　　　　　　　　　图 10-4　查看保存效果

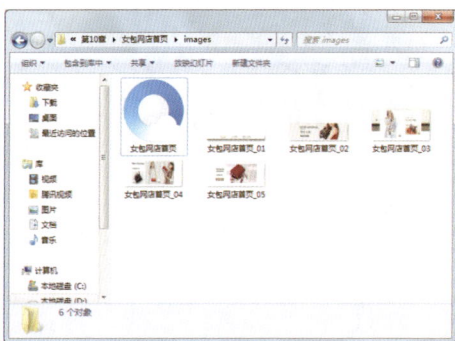

知识补充

切片时的注意事项

对图像文件进行切片后，完成切片的图片将以蓝色的框显示，并且每个框左
上角都标注了切片的序号。若切片为灰色，表示该切片不能保存，需要重新进行
切片操作。

↘ 10.1.2　上传图片至图片空间

在进行装修或发布商品前，商家可将需要使用的图片上传
到图片空间，以便需要使用对应的图片时可以直接从中选择。
其具体操作如下。

微课视频

上传图片至图片空间

（1）登录淘宝网，在"千牛卖家中心"下拉列表中单击"免
　　　费开店"超链接，进入"千牛卖家中心"页面，在左侧
　　　列表框的"店铺管理"栏中单击"图片空间"超链接。

（2）进入"素材中心"页面，单击 新建文件夹 按钮，打开"新建文件夹"对话框，在"分
　　　组名称"文本框中输入"女包网店首页"，单击 确定 按钮，如图 10-5 所示。

（3）单击 上传 按钮，打开"上传图片"对话框，在"上传到"下拉列表中选择"女
　　　包网店首页"选项，在中间单击"上传"超链接，如图 10-6 所示。

（4）打开"打开"对话框，选择商品所在路径，并在其中选择需要上传的图片（配
　　　套资源 :\素材文件 \ 第 10 章 \images\ ），按【Ctrl】键单击需要上传的多张图片，

单击 打开(O) 按钮，如图 10-7 所示。

图 10-5　输入文件夹名称

图 10-6　单击"上传"超链接

（5）此时，将打开图片上传提示对话框，在其中显示图片的上传进度。待上传完成后，
单击 打开(O) 按钮，将自动返回图片空间，在图片空间的"女包网店首页"文件夹
路径下即可查看上传的图片，如图 10-8 所示。

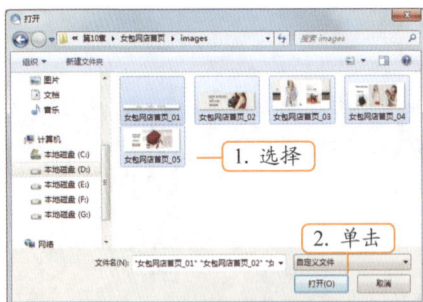

图 10-7　选择需要上传的图片

图 10-8　查看上传的图片

10.2　装修 PC 端网店

　　当对图片进行切片并上传到图片空间后，即可进行网店的装修工作。下面首先介
绍装修模块，再讲解 PC 端网店首页和商品详情页的装修。

↘ 10.2.1 认识装修模块

在进行模块布局前，需要了解网店装修的基础模块。常用的基础模块包括店铺招牌模块、宝贝推荐模块、宝贝排行模块、默认分类模块、个性分类模块、自定义区模块、图片轮播模块等。在"千牛卖家中心"页面单击"店铺管理"栏中的"店铺装修"超链接，即可快速进入"店铺装修"页面，单击"PC端"选项卡，即可进入 PC 端装修的基础页面，在"首页"栏中单击 装修页面 按钮，在打开的页面中可查看网店装修的常用模块，如图 10-9 所示。

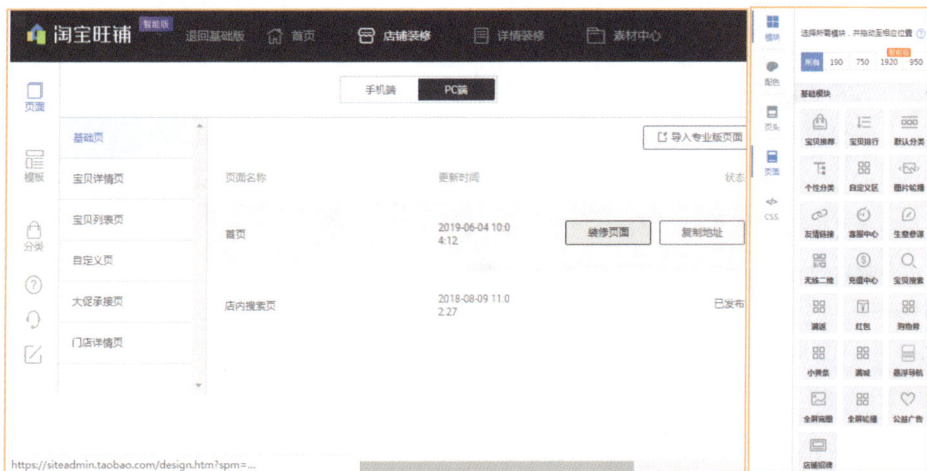

图10-9 进入店铺装修页面并查看装修模块

↘ 10.2.2 装修PC端网店首页

了解了装修模块后，就可以使用模块进行网店的装修了。在装修时，可直接使用素材中心的素材进行模块的编辑与添加。本例将使用"全屏宽图"系统模块装修首页中的一个页面，其具体操作如下。

微课视频

装修 PC 端网店首页

（1）登录淘宝网，在"千牛卖家中心"下拉列表中单击"免费开店"超链接，进入"千牛卖家中心"页面，在左侧列表框的"店铺管理"栏中单击"店铺装修"超链接。

（2）在页面上方单击"PC 端"选项卡，在下方的列表中单击"首页"右侧的 装修页面 按钮，如图 10-10 所示。

（3）进入"店铺装修"页面，选择"全屏宽图"模块并拖曳到页面顶端，该模块将自动添加到标题栏的下方，如图10-11所示。

图10-10　装修首页页面

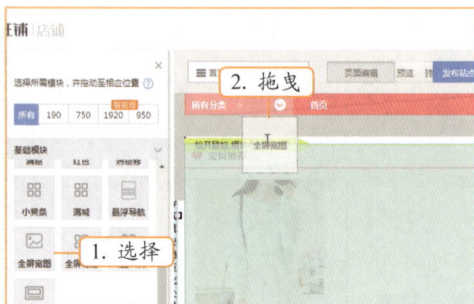

图10-11　添加模块

（4）在该模块右侧单击 ✐编辑 按钮，打开"全屏宽图"对话框，在"图片地址"栏右侧单击 田 按钮，在"全部图片"下拉列表中选择"女包网店首页"选项，在右侧选择要添加的图片，如图 10-12 所示。

（5）打开"图片裁剪"对话框，在左侧调整图片的展示区域，然后单击 确定 按钮，如图 10-13 所示。

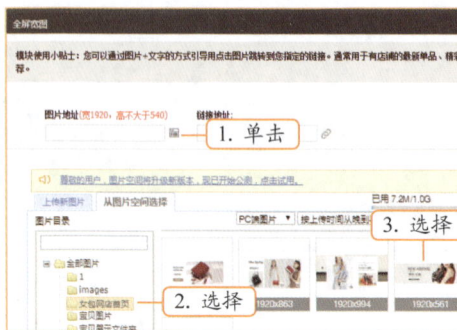

图 10-12　选择要添加的图片

图 10-13　调整裁剪区域

（6）返回"全屏宽图"对话框，在"链接地址"文本框中输入链接地址，然后单击 保存 按钮，如图 10-14 所示。

（7）返回首页装修页面，单击 预览 按钮，预览装修后的效果，然后单击 发布站点▾ 按钮，在打开的下拉列表中选择一种发布方式，即可完成网店的装修，如图 10-15 所示。

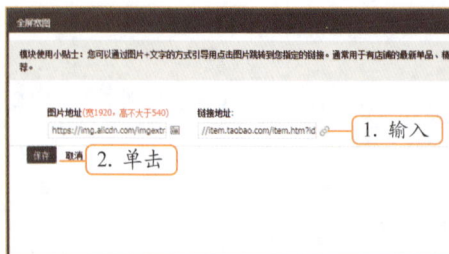

图 10-14　选择要添加的图片

图 10-15　预览装修后的效果图

其他装修方法

在进行装修时，模块的装修方法基本相同。除了使用基本模块外，还可通过代码进行网店的装修与编辑。

↘ 10.2.3　装修PC端商品详情页

详情页的装修主要是在发布商品时进行的，当完成详情页的设计后，即可将其上传到图片空间，再直接通过"淘宝神笔"中的模板生成。下面讲解 PC 端商品详情页的装修方法，其具体操作如下。

（1）进入"千牛卖家中心"页面，在左侧列表框的"宝贝管理"栏中单击"发布宝贝"超链接，如图 10-16 所示。

（2）打开商品发布页面，在其中选择商品类目，完成后单击 下一步,发布商品 按钮，如图 10-17 所示。

微课视频

装修 PC 端商品详情页

图10-16　单击"发布宝贝"超链接

图10-17　选择商品类目

其他装修商品详情页的方法

进入"淘宝旺铺"页面，在上方单击"详情装修"选项卡，在右侧将显示宝贝、模板、批量投放、智能体验 4 个选项卡。在"宝贝"选项卡右侧显示了出售中或仓库中的商品，单击 装修详情 按钮，即可进入该商品的装修页面，在页面的上方可选择移动端或 PC 端。完成选择后，在下方即可进行商品详情页的装修。

（3）打开"商品发布"页面，在其中依次输入产品的相关信息，再在"PC 端描述"栏中单击"使用旺铺详情编辑器"单选按钮，在下方的编辑框中单击 立即使用 按钮，如图 10-18 所示。

（4）打开"淘宝神笔宝贝详情编辑器"页面，在左侧列表中单击"装修"选项卡，展开"图片"选项，在右侧选择一块图片，如图10-19所示。

图10-18　单击"立即使用"按钮

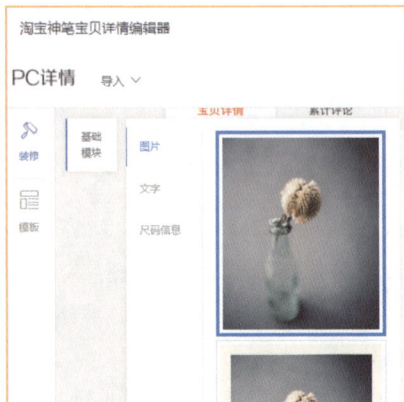

图10-19　选择图片

（5）打开"选择图片"对话框，在其中选择上传的商品图片，这里选择"女包详情页"图片，单击 确定 按钮，如果没有上传图片，可直接单击 上传 按钮，在打开的页面中选择合适的图片，如图10-20所示。

（6）返回"淘宝神笔宝贝详情编辑器"页面，可发现选择的图片已经显示在页面中，单击 保存 按钮保存并编辑，然后单击 完成编辑 按钮，效果如图10-21所示。

（7）返回"商品发布"页面，在"淘宝神笔宝贝详情页编辑器"中已显示了刚添加的图片，然后单击 提交宝贝信息 按钮，完成PC端商品详情页的制作，效果如图10-22所示。

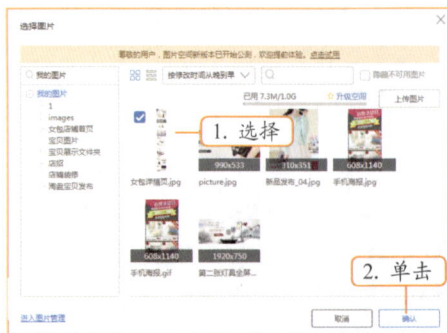

图10-20　单击"发布宝贝"超链接

图10-21　选择宝贝信息

图 10-22　完成的详情页效果图

10.3　装修移动端网店

当完成移动端首页和商品详情页的制作后，就需要将制作好的模块依次装修到对应的区域，以便消费者浏览。移动端网店的装修方法与 PC 端网店的装修方法类似，都需要先上传图片到图片空间，再根据模块依次进行装修。下面讲解移动端网店的装修方法。

↘ 10.3.1　装修移动端网店首页

在网店装修中除了涉及 PC 端时，还需要对移动端网店进行装修。下面使用移动端中的自定义模块对首页进行简单装修，其具体操作如下。

微课视频

装修移动端网店首页

（1）进入移动端首页装修页面，在页面的右侧单击"装修"选项卡，在其中选择"自定义模块"选项，选择该模块并按住鼠标左键向右侧的移动端面板拖曳，将其移动到轮播图模块下方，此时该区域将显示"模块放置区域"文字，释放鼠标即可完成自定义模块的添加，如图 10-23 所示。

（2）选择自定义模块，在右侧打开的面板中单击"编辑板式"超链接，如图 10-24 所示。

（3）打开"自定义模块编辑器"对话框，选择中间区域的蓝色板块，将其拖曳到左上角，并拖曳矩形的右下角，此时其右侧的"编辑拼图版式"面板中将显示矩形框的尺寸。

（4）单击右侧面板中的"添加图片"超链接，即可为框选区域添加图片，如图 10-25 所示。

图 10-23　添加模块

图 10-24　编辑板式

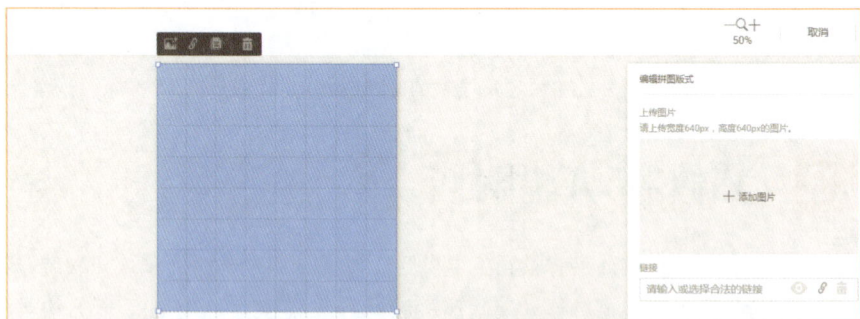

图 10-25　单击"添加图片"超链接

（5）打开"图片空间"对话框，单击右上角的 上传图片 按钮，然后打开"选择图片"对话框，单击 上传 按钮，如图 10-26 所示。

（6）打开"打开"对话框，选择需要上传的图片（配套资源 :\素材文件 \第 10 章 \移动端装修 \移动端首页 -01.jpg、移动端首页 -02.jpg），单击 打开(O) 按钮，如图10-27 所示。

图 10-26　单击"上传"按钮

图 10-27　选择需要上传的图片

（7）打开"选择图片"对话框，此时可发现上传的图片已在最上方显示，并且在图片的下方分别显示了对应的图片尺寸，这里选择"640 像素 ×2000 像素"的图片，单击 确定 按钮，如图 10-28 所示。

图 10-28 选择图片

（8）打开"选择图片"对话框，在左侧面板中将显示选择的图片，在右侧面板中则将显示对应的尺寸信息，单击 保存 按钮，如图 10-29 所示。

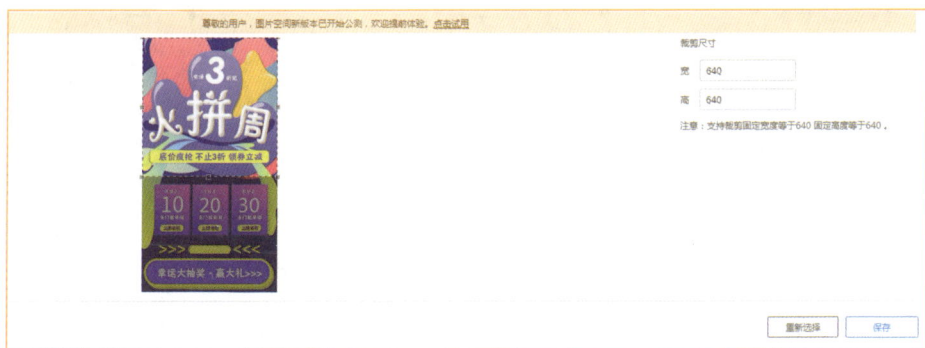

图 10-29 单击"保存"按钮

（9）使用相同的方法继续在"自定义模块编辑器"中绘制"640 像素 ×640 像素"的矩形，并分别添加图片，其效果如图 10-30 所示。

图 10-30 绘制其他矩形并添加图片

（10）依次选择产品模块，在右侧将显示连接框，在其中依次输入需要添加的页面链接地址，单击 完成 按钮即可完成自定义模块的创建，效果如图 10-31 所示。

（11）返回装修页面，可发现在轮播图的下方显示了创建的自定义模块，此时若需要发布制作好的模块，可直接单击上方的 发布 按钮，在打开的下拉列表中选择"立即发布"选项，稍等片刻将会提示发布成功，还可单击 预览 按钮，使用手机扫描二维码，查看预览效果，如图 10-32 所示。

如何重新选择图片

若选择的图片不符合需求，除了可在"选择图片"对话框中进行裁剪外，还可直接单击 重新选择 按钮，重新对图片进行选择。

图 10-31　添加链接地址

图 10-32　查看预览效果

10.3.2　装修移动端商品详情页

移动端商品详情页的装修方法与 PC 端相同。打开"商品发布"页面，在"移动端描述"栏中单击"使用文本编辑器"单选按钮（这里也可单击"使用旺铺详情编辑器"单选按钮，其操作方法与 PC 端相同），单击"添加"按钮 ＋，打开"图片空间"对话框，在其中选择需要添加的商品详情页图片，单击 确认 按钮，再单击 提交宝贝信息 按钮，即可完成移动端商品详情页的装修，如图 10-33 所示。

图 10-33　移动端商品详情页装修

课堂实训——装修开学季专题页

实训目标

本例将装修开学季专题页，在装修前先使用切片工具进行切片，再上传到图片空间，最后进行页面的装修。在装修时，将直接使用全屏宽图，完成后的效果如图 10-34 所示。

图 10-34 完成后的效果图

实训思路

根据实训目标，完成本实训主要进行以下操作。

（1）打开"开学季专题页 .jpg"素材文件（配套资源:\ 素材文件 \ 第 10 章 \ 开学季专题页 .jpg），对其进行切片操作(配套资源:\效果文件\第 10 章\开学季专题页\)。

（2）登录淘宝网，在"千牛卖家中心"下拉列表中单击"免费开店"超链接，进入"千牛卖家中心"页面，在左侧列表框的"店铺管理"栏中单击"图片空间"超链接，进入"素材管理"页面，将切片后的图片上传到"素材管理"页面中。

（3）打开"店铺装修"页面，添加"全屏宽度"模块，然后打开"全屏宽度"对话框，在其中分别添加切片后的图片，并查看完成后的效果。

课后练习—— 装修移动端促销展示页面

本练习将打开"移动端促销展示页 .jpg"素材文件（配套资源:\素材文件 \ 第 10 章 \ 无线端促销展示页 .jpg），对其进行切片操作，然后上传到图片空间，并对其进行装修操作。

拓展知识

1. 使用模板装修商品详情页

移动端商品详情页作为流量的主要来源，其效果好坏将直接影响着商品的销量。商家可购买制作好的商品详情页模板并直接将模板中的图片替换为自己制作的页面图片，不但简洁美观，而且操作方便，从而为新手网店美工减少了很多工作。

模板的购买方法为：打开"装修市场"页面，该页面中罗列了不同类型的商品详情页模块，此时在页面的上方可选择对应的行业和风格，选择需要购买的模板，进入购买页面，在该页面中可查看选择的商品详情页的基本信息，选择收费标准，并单击 立即购买 按钮，根据提示付款，即可完成购买操作。

2. 网店美工必知的切片技巧

在进行切片操作时，为了保证切片合理、位置精确，美工需要掌握一定的切片技巧。

- **依靠参考线：** 从标尺上拖曳鼠标，为图片创建切片的辅助线，在切片时可沿着该辅助线拖曳鼠标创建切片。
- **切片位置：** 在切片时不能将一个完整的图片区域切开，应尽量按完整图片切割，以免在网速很慢时图片不能完整地呈现出来。